教育惩罚的张力与限度研究

黄巧玲　著

东北师范大学出版社
NORTHEAST NORMAL UNIVERSITY PRESS

图书在版编目（CIP）数据

教育惩罚的张力与限度研究／黄巧玲著. — 长春：
东北师范大学出版社，2021.12

　　ISBN 978-7-5681-8654-4

　　Ⅰ.①教… Ⅱ.①黄… Ⅲ.①小学教育－惩罚－研究
Ⅳ.①G622.0

　　中国版本图书馆 CIP 数据核字（2021）第 257899 号

□责任编辑：包瑞峰

□责任编辑：包瑞峰　□封面设计：中图时代

□责任校对：钟科文　□责任印制：许　冰

东北师范大学出版社出版发行

（吉林省长春市净月经济开发区金宝街 118 号，邮政编码：130117）

电话：0431-85684173

网址：www. nenup. com

三河市嵩川印刷有限公司制版

三河市嵩川印刷有限公司印装

（河北省三河市杨庄镇肖庄子，邮政编码：065200）

2021 年 12 月第 1 版　　2022 年 8 月第 1 次印刷

幅面尺寸：170 mm×240 mm　印张：10.75　字数：150 千字

定价：60.00 元

作者简介

　　黄巧玲,毕业于西北师范大学,教育学原理专业,硕士研究生,毕节幼儿师范高等专科学校讲师。在《社会科学家》《教学与管理》《基础教育》《基础教育研究》等期刊发表论文19篇,其中核心期刊4篇,一篇被人大复印资料全文转载。主持及参与科研项目4项,其中参研全国教育科学"十一五"规划2010年度教育部重点课题"西北高校硕士研究生教育现状调查研究"(课题批准号DIA100299),参研贵州省教育科学规划课题子课题(编号:GZXQ2015-145),课题名称:"幼儿园园长课程领导力研究——以贵州幼儿园园长课程领导力为例"子课题"何谓游戏?游戏何为?",主持贵州省教育厅高校人文社会科学研究项目(编号:2018ZC056),课题名称:"幼儿园区域活动材料投放的有效性研究——以毕节地区幼儿园为例"(结题),主持贵州省理论创新课题(联合课题)(编号:GZLCLH-2021-486),课题名称:"'三全育人'视域下高职院校校园文化建设研究"(结题)。

前　言

　　狭义的教育惩罚是指教师对学生的不良行为给予的否定或批评处分,它是通过有意义的痛苦体验,使学生认识到过错,从而终止其错误行为,它是教育的一种辅助手段。关于教育惩罚的意义,可以从中外教育史上找到很多证据。但是,教育惩罚是一把双刃剑,是一种高难度的教育手段,如果使用不当,易于异化为一种破坏性的力量,成为奴化学生肉体和心灵的工具。

　　小学场域中并非所有的惩罚都发挥了教育功能,有些教师仅仅把惩罚视为实现课堂控制和维护教学秩序的手段,有时惩罚还成为一些教师泄愤的工具,教育惩罚的意义被严重窄化。小学中不当惩罚之所以频频发生,表面上似乎与教师"缺乏爱心""素质太差""工作繁忙"有很大关系,但事实上,究其背后有着更深层的原因,那就是教师深陷于学校的规章制度不能自拔。教师的身体是受"规训"的身体,这种身体听从于学校程式化的管理,而对教育教学工作却愈加地缺乏思考,原本具有高度创造性的教育活动渐渐地降低至一种日复一日地、机械地重复行为,教师似乎迷失了自我,也丧失了思考能力。

　　惩罚学生原本可以有很多种合理的方式,教育好学生有无限的可能。但是,学校的"规训"具有很大的限制功能,遮蔽了教师的教育智慧。基于小学生的年龄特点,如果禁止教师惩罚学生,完全用"赏识"式的教育,显然不太现实。惩罚在小学教育中不可避免,它除了能保证学校教育教学活动正常有序地进行,对培养小学生的人格也有着重要意义。教育惩罚只有在遵循"尊重原则""教育性原则""灵活性原则"中才能获得张力,超出这三个原则,也就超出了限度。换句话说,教师只有在充分尊重学生个体差异的基础上并本着促进学生发展的良好愿望,对学生所执行的惩罚才可能达成教育性目的。

　　惩罚方式的变革,虽然面临着重重阻力,但是教师依然能够发挥其主观能动性,在学校内部进行静悄悄的"革命"。因为改变教育惩罚方式的条件存在于所有的教室、所有的学校中,如果学校领导、教师都积极行动起来,那么"充分尊重学生个体差异、促进学生发展"的教育惩罚完全是有可能的。要使惩罚方式成为一种有效的教育手段,一种比较直接有效的方法是:让教师成为教育惩罚方式的研究者。如果每个教师都成为教育惩罚的研究者、惩罚方式的评价者、合理惩罚的实施者,那么,学校中的惩罚方式就会发生根本性的改变。

作者

2021 年 2 月

目　录

第一章 研究缘起

萌生对"教育惩罚"的发现和研究，缘于一次小学实践。

2012 年 9 月初，我和同学前往兰州市 A 小学实践。第一次走进 A 小学，我就看到一位老师一边大声呵斥、一边拧着学生的耳朵，恶狠狠地把他从操场的主席台上拽下来。面对此情此景，我感慨颇多，不禁回想起小学时，目睹同学被老师或打或骂的场景，尤其男生不知挨了多少巴掌。有些老师实在"心狠手辣"，打得有点过火，记得一个男生由于作业没完成，被老师连扇两巴掌后，还被一脚踢翻，自那以后，经常不交作业的同学，的确听话很多。班上大部分同学都有过被老师打手心的经历，多是因为上课不认真听讲，作业没完成或没戴红领巾等受罚，老师常用很宽很厚的板子打手心，每次至少三下，被打的同学手上常有几道红痕，有些还流血。我同桌是个男生，很调皮，被打的次数最多，每次看到他挨打，我都心惊肉跳，时至今日，每每想起，仍心有余悸。

在 A 小学的见闻，令我感触颇深。也是从那天起，我开始格外关注该小学的教育惩罚方式。

由于学校还有其他的学习任务，我和同门同学只能隔三岔五地去

A 小学"实习"。每次去,我都能看到学校的操场上、走廊上、办公室里或教室的角落里,学生或被罚站或被罚抄的身影。平时我也经常听到教室里传出责骂声,比如"我要是你家长,踹死你算了","教你这样的学生,真是倒霉到家了",等等。后来在我与学生闲聊中,发现不少学生对老师的惩罚抱怨不已,觉得罚得太重,不近人情。在和老师的交流中,他们也很无奈地表示不愿意惩罚学生,但有些学生实在太不听话,如果不惩罚,就会闹翻了天。

我曾经当过小学老师,对于老师在惩罚学生方面或多或少的无奈深有体会。那时,一位老教师告诉我,第一次进课堂一定要给学生"下马威",否则以后学生就会像脱缰的野马管不住。刚开始,面对活泼可爱的学生,我实在"凶"不起来,也正是我的"温柔",让学生觉得好"欺负",我的课堂总是乱哄哄的,那个学期我苦不堪言,也挨了校长不少批评。一个学生私下里跟我说:"老师,你以后能不能像数学老师那样,对我们凶点?"我很惊讶。还有学生说:"数学老师很凶,上课的时候很安静,我们都学得多。"听了孩子们的话后,我当时很困惑:到底该以哪种方式对待学生合适? 如今,我依然迷惑不解。看着 A 小学老师忙碌的身影以及那些活泼调皮的学生,我深深地陷入了思考:在提倡赏识教育的今天,惩罚有没有存在的必要性? 教育中如果没有了"惩罚"这个手段,是不是还可以顺利地进行? 我问过 A 小学的老师,也问过当老师的同学,他们告诉我的答案基本一致:没有惩罚,教学难以持续。一个老师跟我说:"如果连偶尔打打手心、罚罚作业都不行,那告诉我们怎样教育那些不听话的学生?"我无以回答,那时萌生了研究"教育惩罚"的念头。

9月下旬,我初步把研究目标锁定为"教育惩罚",开始广泛查阅相关资料。在查资料的过程中,《教师博览》上的一篇文章引起了我的注意,这篇文章本是一位基层老师在论坛上发的一个帖子:"民主尊重式教育,你在基层还好吗?"文章讲述教师遭遇的尴尬现实:对学生温和、宽容,学生肆无忌惮;对学生严峻冷酷,学生倒乖巧听话。其中讲到教学成绩突出的教师惊人一致的经验总结:对学生严惩不贷。如,某中学陶老师的经验之谈:她当了近十年的班主任,每接一个班时,第一节课便是打人,而且要打得见青见红,出鼻血或牙血,以儆效尤,以后制定严格的班规,违犯严惩,效果就是:班级鸦雀无声;布置作业或任务,从无一人拖欠,每年的学科成绩都在全校以至全县遥遥领先。

这与老教师曾告诉我的经验极为相似,我认识的那些优秀班主任,也无一不是严厉的老师。甚至,有一个公认的"好班主任"竟用针扎学生的方式,把学生管得服服帖帖。为何在国家明令禁止"体罚""变相体罚"的情况下,教师还敢越"雷池"一步?新闻媒体也不时报道学校惩罚学生的恶性事件。难道都是因为教师素质太差,缺乏爱心吗?有些案例的确出于教师个人的素质问题,比如温州颜艳红"虐童事件"。但是有些事件,我们能简单下此定论吗?如青海师大附中张明明老师,据调查她是一个对学生特别负责任的老师,她的学生在每年的考试中都会取得好成绩,但她为何会变得如此没有耐心,当众给学生八记耳光？这种情况仅仅是偶然吗？上述的那些"好老师"，难道没有触碰"高压线"？平心而论，学校中的其他老师都"循规蹈矩"，细心、耐心地教育学生？有些老师恐怕做出比此更出格的事吧，只是他们有点幸运，没有被曝光罢了。

我们常常对教师体罚学生咬牙切齿，可是一线教师的困惑——民主尊重式教育，你在基层能走多远？难道不值得我们深思吗？教育理想在现实中常常遭遇尴尬，国家的禁令，也不见得有效。在 A 小学将近 3 个月的"实习"中，我反复在思考这样一些问题：学校中的惩罚有没有存在的合理性？如果没有，教师该怎样教育好学生？如果有，惩罚到底该如何实施？怎样的惩罚才不至于伤害学生，又能达到教育效果？种种思考让我越来越有一种研究"教育惩罚"的冲动。在导师的指导和帮助下，我最终确定以"小学日常生活中的教育惩罚"为研究主题。

第二章　教育惩罚发展概况与教育惩罚

第一节　教育惩罚发展概况

我国古代社会奉行"不打不成才"的训诫,把惩罚(主要是体罚)作为教育不可或缺的手段,至于这种方式是否具有正当性、能否促进学生发展,少有人问津。

新中国成立后,百业待兴,教育也步入改革和发展的轨道,加之国际社会对儿童权利的关注,学校中原有的教育方式受到人们质疑。教育部于1952年发布有关废止体罚或变相体罚的指示,但由于深受传统"师道尊严"观念的影响,"体罚"在学校中依旧盛行,相关研究只是零星提及,不成系统。

1985年以后,禁止体罚学生的有关法律法规相继出台,至此学校体罚和变相体罚的现象得到一定程度的遏制。到20世纪90年代中后期,我国又出台了一系列关于深化教育改革、全面推进素质教育的决定,学生的心理健康问题引起了广泛关注。人们意识到学校中简单粗暴的体罚对学生的身心健康具有危害性,因此对学校中惩罚问题的研究开始逐渐增多。但这一时期研究的重心主要是体罚问题,人们普遍认为体罚是一种侮辱、侵害学生人格尊严的行为。也有少数研究者认为体罚不可有,但惩罚亦不可废弃,他们试图寻求一种合理的教育惩罚方式。

进入 21 世纪,随着教育改革的深入,尤其到 2001 年以后,我国进入基础教育课程改革的全面推广阶段,开始大力实施素质教育,学生的主体性越来越受到重视。在这种形势下,关于教育惩罚是否具有合理性的争论日趋激烈,相关研究呈现上升态势,有的杂志社还开辟专栏进行探讨。另外,互联网的兴起对教育惩罚的研究也起到很大的推动作用。

由于学校过度惩罚的现象通过网络媒体逐渐暴露在大众的视野中,教育惩罚问题一时成为人们争议的焦点。而"赏识教育"日益深入人心,成为教育界的主流话语。但实践证明,一味地赏识也会带来许多负面影响,比如导致学生盲目自信,高估自己的能力,心理承受能力降低,等等。人们开始重新定位教育惩罚的价值,很多研究者试图在惩罚与人性化的教育管理方式之间寻找一种平衡和协调,研究逐渐转向对教育惩罚内涵、功能、合理性、实施策略等方面的关注。

第二节　教育惩罚研究

一、近20年我国教育惩罚研究概况

基于不同的研究视角与内容,研究者对教育惩罚研究的表述有所差异,出现了许多相关术语,如教育惩罚、惩罚教育、教育惩戒、道德惩罚、心罚、体罚、教师虐待行为等,我们统一将其视为对学校中惩罚问题的研究,并视其为广义上的教育惩罚研究。

由于"教育惩罚""教育惩戒""体罚""心罚"等术语相对常见,通过《中国期刊全文数据库》(CJFD,Chinese Journal Full-text Database)、《中国优秀硕士学位论文全文数据库》(CMFD,China Master's Theses Full-text Database)、《中国博士学位论文全文数据库》(CDFD,China Doctoral Dissertations Full-text Database)分别对其进行检索,以"篇名"为检索项,匹配为"模糊",结果详见表2-1。

表2-1　以"教育惩罚"为主题的研究数目统计(1994—2013)

单位:篇

检索词(篇名)	期　刊	学位论文	
		硕　士	博　士
教育惩罚	265	25	1

续　表

检索词(篇名)	期　刊	学位论文	
		硕　士	博　士
教育惩戒	154	18	0
道德惩罚	7	3	0
体　罚	196	14	1
心理惩罚(或心罚)	41	2	0

接着对文献进一步筛选,合并少数一稿多投篇章,剔除征稿启事、会议纪要等其他类型的文献,还有与教育无关的文献,共获论文710篇。

通过对文献的认真梳理,尝试对其主要研究内容进行初步分类,概况详见表2-2。从表2-2可见,研究者在教育性惩罚、体罚方面探讨的比重较大,其成果颇丰。但仍有未尽解决的问题,比如"教育惩罚的合理性""体罚实施"等问题尚存争议,这也从侧面反映了教育实践中惩罚所处的两难困境,亟须我们对其做进一步的研究。关于教育惩罚的相关研究估计在今后很长一段时间里仍是热点问题。

表2-2　以"教育惩罚"为主题的研究内容划分(1994—2013)

单位:篇

研究分类	涉及主要内容	篇数
教育惩戒权	教育惩戒权的内涵、教育惩戒权的表现形式、教育惩戒权的合法性和必要性、教师教育惩戒权的运用、教育惩戒权的程序控制	25
教育性惩罚(简称"教育惩罚")	教育惩罚内涵、教育惩罚合理性、教育惩罚功能、教育惩罚方式、教育惩罚与心理健康之关系、教育惩罚实施存在的问题、教育惩罚实施原则、教育惩罚实施策略	448
心理惩罚(或心罚)	心理惩罚内涵、心理惩罚表现形式、心理惩罚成因、心理惩罚危害性、心理惩罚防范措施	34
体罚(含变相体罚)	体罚内涵、体罚表现形式、体罚成因、体罚危害性、合理实施体罚策略、体罚防范措施、国外体罚立法实践、我国体罚立法构想	203

二、教育惩罚内涵的研究

教育惩罚的内涵,主要包括以下两个方面。

(一)惩罚是教育的一种辅助手段

《中国大百科全书·教育卷》中将"奖励"和"惩罚"放在一起解

释,认为二者都是德育方法。"奖励是对学生或学生集体优良的思想品行给予肯定和表扬;惩罚是对犯有错误的学生给予适当的处分。奖励和惩罚都是思想品德教育的手段,有助于激发学生的荣誉感和羞耻心,有助于帮助他们分清是非、明确努力方向、发扬优点、改正错误,也有助于维护学校的纪律和规章制度。"该解释肯定了惩罚的品德评价功能,突出强调惩罚的作用:一方面是为了学生改过迁善,另一方面是为了维护校规校纪。

查阅国内相关文献(1994—2013)能够发现,很多研究者都认同上述解释,在文献中也经常加以引用。也有不少研究者在此基础上又做了更深入的探讨,使其内涵更加丰富。比如,有人认为教育惩罚有广义和狭义之分。

广义上的教育惩罚包括体罚(含变相体罚)在内的惩罚。狭义的教育惩罚(不包括体罚)与奖励相对,是学校教育中经常采用的一种教育方法,目的是使学生明辨是非善恶,改正缺点和错误。

针对教育惩罚,有人曾从心理学和功能角度进行过分析。

(1)从心理学的角度分析:教育惩罚是教师"在教育过程中对儿童施加某种影响,使儿童身体或心理产生不快的行为,其目的是通过不快或痛苦的体验,使学生'不当行为'减少或消失,从而达到人性之完善的教育行为。"①

①王新.从自发到自觉:教师惩罚行为特征及理性化策略[J].当代教育科学,2006(17):42-43.

（2）从功能角度分析：认为教育惩罚除了人们普遍认为的具有矫正功能和威慑功能之外，从个体发展的角度看，还具有促进学生社会化的功能，如培养学生责任意识、集体意识、民主意识等，另外还能健全学生的人格。

查阅文献发现，后续的很多研究者都认同惩罚是教育的一种辅助手段，具有矫正、威慑、促进学生社会化及有利于成就健康人格等功能。在国外，也有不少研究者认为惩罚是教育的一种手段。如，诺盖拉对美国学校中的惩罚实践进行反思，认为当前美国学校中的惩罚还存在着诸多弊端，部分惩罚根本不能实现教育目的，却很可能把学生送进监狱。诺盖拉认为学校中的惩罚是为了达成教育目的而使用的一种手段。又如，美国学者米尔腾伯格认为惩罚的目的是使学生错误的行为减少，我们"不能以行为的结果是否显得令人不快或令人厌恶来对惩罚进行定义。只有将来的行为确实少了，你才能得出某种具体结果是惩罚因素的结论。"

（二）教育惩罚与一般意义上的惩罚不同

第一，与体罚（包括变相体罚）不同。如，有人认为体罚是使学生身体遭受痛苦并损害其身心健康的惩罚，而教育惩罚是以不损害学生身心健康为原则的一种教育方式。有人认为教育惩罚的目的是帮助学生真正认识到自己的错误，从而改过迁善，而体罚的目的是维护实施者的权威，使学生害怕惩罚的痛苦，而不敢再犯错误。

第二，与心理惩罚不同。有人从心理学的角度分析认为教育惩罚可以对犯错学生的心理以必要的刺激,对他们的精神加以震撼,可以激发其内在改过向善的力量,促使他们改正错误。而在心理惩罚中,教师刺激学生的目的不是教育学生,而是为了批评而批评,其语言或行为会对学生的情感、人格和尊严造成伤害,因此不会激发学生改正错误的内在动机,相反,很可能会使学生产生消极退缩或者对抗的情绪。

第三,与社会惩罚不同。有人认为教育中的惩罚与社会中的惩罚在目的、情感基础、种类和量度等方面存在着明显的差异。在教育中实施惩罚,更看重其对受教育者长远发展乃至对未来社会的深远价值。有人认为社会惩罚是一种直接对人的单向的肉体或精神的惩罚,是一种社会权力的昭示。

教育惩罚是道德教育的必要手段,它的本质是确证过错,它是为了使学生能够得到更好的发展。教育惩罚本身具有独立性,不应受制于社会机制和规则。新加坡学校把鞭打视为教育惩罚的一种方式,但校内的鞭打和新加坡法律上的鞭刑不能相提并论,学校的鞭打只是起警示教训的作用,而社会上的鞭刑,可是皮开肉绽、鲜血淋漓、数月不得痊愈的真正鞭刑。

另外,有人从惩罚的实施过程分析,认为教育惩罚与其他惩罚不同。教育惩罚应是合理、符合人性、符合规则性、符合报应性的惩罚,是蕴涵着师爱能够给予学生良性刺激的惩罚,是建立在对学生尊重、信任、关心基础上的惩罚。在实施过程中要体现人道性,把受教育者当作人来看,无论采取何种方式,首先都应尊重受教育者的人格,遵循人的身心发展规律。

研究者普遍认为教育惩罚是一种重要的教育手段,其最终目的是促进学生更好的发展,它与学校的教育目标不相背离,与倡导的人性化的教育方式不相违背。

三、关于教育惩罚合理性的研究

由于人们主观感受和所持的标准不同,人们对教育惩罚的看法也不相一致。查阅文献的过程中可以发现,教育惩罚的合理性问题已成为研究者讨论的焦点,目前研究者对教育惩罚主要持三种态度。

(一)质疑乃至摒弃教育惩罚

如,有人从教育的长效机制分析,认为惩罚至少是没有境界的教育,因为处于弱势的学生无力反抗惩罚,只会把它淤积在心里,如果不能及时加以补救、矫正,今后很可能发泄。

(二)辩证地看待教育惩罚

如,有人认为惩罚有利于学生健康成长,但要合理适度,过轻和过重的惩罚都会产生不良的教育后果。有人认为"从教育史及教育思想史的角度看,惩罚作为一种教育手段或教育方法是可能具有正面意义的。"换言之,惩罚也可能具有消极影响。

(三)考虑到惩罚带来的诸多问题

还有人认为"惩罚作为一种争议较多的教育手段,尽管有着独特的教育意义,但若使用不慎,仍有可能带来一些问题,诸如导致师生关系疏远、逆反心理、厌学、撒谎、攻击行为等"。

在国外,多数研究者也有类似的观点,如,美国得克萨斯大学教育学院的鲍里奇博士在他的《有效教学方法》一书中强调惩罚可以用来"减少某一行为发生的可能性或倾向性",但"惩罚不能确保理想反应"。

查阅相关文献发现,持这种态度的研究者关注的重心是惩罚的"度"的把握问题,认为超过限度,惩罚就会产生一系列不良后果。但是,也有很多研究者为教育惩罚正名,认为它具有存在的必要性。如有人认为"没有惩罚的教育是不完整的教育,没有惩罚的教育是一种虚弱的教育、脆弱的教育、不负责任的教育。"有人认为,现代教师应该拥有一定的惩罚权,这是教师履行教育教学任务必需的保证。

综合起来看,目前研究者除了从教育惩罚内涵探讨合理性外,还主要从以下三个角度分析。

1. 学科角度

研究者主要从哲学、心理学和伦理学中寻找依据。

(1)哲学角度分析:理解人性是认识教育惩罚的前提和基础。

如有人认为人性具有"可塑性",具体包括:一方面人可以通过说理引导,另一方面人可以通过惩罚进行"雕塑"。有人认为人性包括自然属性、社会属性、精神属性。自然属性决定了人趋利避害的本能,社会属性决定了人难逃过各种关系的制约,而精神属性决定人具有理性精神的一面。

"人首先是自然动物,有着自然本能的欲望、冲动和要求。但人也是社会性的动物,在人与人相互作用的情况下,为了维护人类生存的根本利益,对出于自然本能的行为冲突必须加以控制、调整。其主要采取的方式就是规则控制,违反规则就意味着惩罚。"有人从古今中外人性论的分析中得出结论,认为人性存在着"善"与"恶",而要实现从恶到善的发展,需要对人的恶行施加约束和管教。

(2)心理学角度分析:认为惩罚会在一定程度上遏制学生不良行为的发生,帮助学生成长。

如,有人从美国社会学家里昂·费斯汀洛的认知不协调理论获得启发,认为合理的惩罚能够激发所需要的行为和阻止不需要的行为。有人认为桑代克的学习"效果率"和斯金纳的"强化原理"解释了教育惩罚对学生的不良行为具有矫正作用的心理机制,另外,又根据班杜拉的社会学习理论,认为惩罚还具有威慑作用。

有人除了对桑代克、格思里、斯金纳等行为主义心理学家的"惩罚"实验的探讨证明"惩罚"的教育意义外,还从皮亚杰和柯尔伯格对于道德认知发展阶段的研究中获得依据,认为"在中小学的教育实践中,教育对象是道德认知还未发展成熟,处于需要他律阶段的青少年,在教育过程中适当运用惩罚手段会帮助他们完善道德认知发展水平"。

(3)伦理学角度分析:如有研究者认为惩罚不一定意味着不尊重,

这可以在苏联教育家马卡连柯的论述和教育实践中得到很好的说明。而不惩罚也不一定意味着尊重,如果教师无条件地回避惩戒权的使用,不仅不会更"道德",相反倒可能是一种有违师德的教育渎职行为。

2.现实角度

研究者认为教育惩罚不管是从学校管理方面,还是从学生对社会环境的适应性方面,都具有现实意义。

(1)学校管理的需要。有人认为"正是出于保障教育活动有序进行、消除个别违规行为对教育活动的不良影响的考虑,学校规则才成为教育活动中加强学生行为管理不可或缺的一种工具和手段"。而违规行为的存在会降低他人遵守规则的信心,会伤害他人和学校集体的利益。因此只要有规则的存在就不可避免地要采用惩罚措施,有人认为"如果学生的违规行为不能够受到应有惩罚,长此下去,学校规则必将形同虚设,同时,建立在学校规则基础上的教学秩序也就无从谈起,学校管理势必陷入混乱之中"。

(2)社会的需要。研究者认为学生终将步入社会,因此学校教育不应与社会现实脱节。如,有人认为"当今社会是法治社会、竞争社会,各行各业都有自己的规章和游戏规则,而违背法律和规则的行为是要受到限制和惩罚的。既然社会存在着惩罚规则,那么学校就必须有惩罚教育,只有这样才能适应社会的要求。""学校教育的一个功能就是培养学生的社会性,因此,当学生向着社会所不容许的方向发展的时候,或是表现出社会主流文化所不容的行为时,必然要施于惩罚,以使其向着符合社会主流文化的方向发展,更好地适应社会。"

3. 惩罚的"合法性"角度

有研究者认为教育中的惩罚根源于制度的遵章办事,是合情合理的"法治"。

有研究者认为惩罚是教师的一种权力,如劳凯声教授认为"惩戒权是教师在教育活动过程中的特有权力。"很多研究者认同此观点,如有人认为惩罚与奖励同为教师的专业权利,许多对于奖励与惩罚似是而非的肯定或否定,都是因为缺乏对二者的性质与复杂性的理性分析。有人认为"惩罚权来源于教师的育人权力,它是维持教育教学活动的正常秩序、保证教育教学活动正常开展的合法权力"。还有人认为我国的相关法律法规虽然严禁体罚学生,但并没有否定教师的惩戒权。比如在《未成年人保护法》第三十八条和《中华人民共和国教育法》第二十八条等条例中都肯定了教育惩罚的合法性。

此外,有研究者从逻辑上证明惩罚的合理性,认为"没有惩罚就没有奖励。奖励与惩罚是一个问题的两个方面——我们用奖励来增加某一行为的发生频率,而用惩罚来减少某一行为发生的可能性和倾向性。从心理意义上说,惩罚、奖励就像磁铁的两极一样无法完全剥离"。还有研究者从教育公共性视角揭示,认为教育公共性遵守维护多数人的共同利益和平等协作之精神等两个基本价值规范,而教育惩罚是对两个基本价值规范的恢复和对违犯者的谴责性表达。

四、关于教育惩罚的方式研究

《中国教育百科全书》认为教育惩罚"一般有警告、严重警告、记过、留校察看、勒令退学及开除学籍等形式。"《教育大辞典》等工具书中也对惩罚的方式做了类似的界定。现如今的中小学对于其处分条例的制订,基本也都按照此形式。

整理文献发现,该界定也经常为研究者所引用。但有人提出惩罚方式要适应学生的个性特征,认为方式的选用与有效性有着密切的关系,方式正确可以减缓惩罚对象的紧张情绪,提高惩罚对象的认识。

因此有人认为上述惩罚方式还值得探讨。有人在上述类界定的基础上,又做了延伸与拓展,认为惩罚是"依据不同情况采取批评、谴责、处分等方式。处分根据学生错误的性质、程度和对错误的态度,分别采取警告、记过、留校察看、开除学籍等手段。"虽然该界定中的惩罚方式与《中国教育百科全书》中提到的大同小异,但对惩罚的对象做了限定,指明惩罚针对的是学生的不良行为或错误行为,而处分的方式也依据不同情况而有所差别。

有人尝试从精神和行为两个维度对教育惩罚做具体划分,认为它既可以体现在精神上,比如在操行手册上扣操行分或给予一定的纪律处分(警告、记过等等);也可以体现在行为上,比如针对某些过失性行为进行补偿性行为,如学生小组值日不认真而罚其重新值日等。但这种划分还相对粗糙,很容易与人们所杜绝的体罚、心罚交叉混乱。

劳凯声教授列举了8种主要的惩罚形式:①言语责备;②隔离措施;③剥离某种权利;④没收;⑤留校;⑥警告;⑦记入学生档案;⑧停学和开除。另外,他还特别将体罚和精神罚(心罚)等列为有争议的惩罚形式。

查阅相关文献,我们发现研究者们对体罚、变相体罚、心罚的界定的确存在很大争论。如,有人认为合理的惩罚特指德育惩罚,在实施方式上不包括体罚、变相体罚、心罚等方式。有人认为如果按《教育管理辞典》《新世纪教师素养》等中对体罚、变相体罚的解释,那么教师在教育实践中将无所适从。有人认为教育惩罚可以包括一定限度内的体罚。对于体罚问题的关键不在于是否废止,而在于如何使用。如果能选择好执行者、工具、体罚部位、次数等,它也很可能成为既有利于学校管理也有利于学生成长的教育手段之一。也有人考察了中国教育废除体罚的百年努力及论争,认为体罚当在淘汰之列,只是"体罚"与"变相体罚"的所指应当有一个精确的研究与划分,否则笼而统之,束缚了教师。

从现有的文献看,研究者已经意识到惩罚方式的重要性。如有人认为"惩罚方式是惩罚目的达成的手段,惩罚方式选择的恰当与否直接影响着惩罚的效能",但研究者对教育惩罚方式的界定还太过笼统,忽略了惩罚的情景性、个体性。因此到底哪种方式的惩罚才算是教育惩罚,目前仍是莫衷一是。

教师面对的是鲜活的生命个体,在方式的选用上需要依靠实践智慧。如,有人认为在较为敏感的儿童看来,不仅教师的体罚、训斥、批评是惩罚的表现,剥夺好的座位、压制爱好、故意忽略、态度冷漠也是一种惩罚,甚至原本出于好意的劝诫往往也被学生感觉为讽刺和挖苦。

可见,惩罚方式的选用具有灵活性,正如有研究者所认为的,"如果教师对教育惩罚类型的理解是狭隘的、僵化的,那么他们的惩罚思路就会受到束缚,就可能会做出不当的惩罚,也可能会在应该进行必要的惩罚时缩手缩脚,不能有效地履行教育职责。教育者应宽泛地理解教育惩罚的类型,因为教育惩罚形式是灵活多样的。"

五、关于教育惩罚实践中存在的问题及原因的研究

近年来,新闻媒体频频报道"虐童事件",引起社会广泛关注,教育惩罚问题已然成为教育研究中的热点问题。研究者除了对教育惩罚(狭义)的内涵、合理性、方式等方面探讨之外,更应该关注教育惩罚实践中存在的问题及原因。在对教育惩罚在实践中的现象和存在的问题进行探究后,他们指出当前教育中的惩罚存在目的不明确、方式简单粗暴、"度"的把握不当等问题,并对其原因进行了较为深刻的剖析。

(一)教育惩罚实践中存在的问题

很多研究者认为学校中存在着不当惩罚的现象,惩罚并没有发挥应有的作用,甚至给学生的身心造成伤害。而这也确实是当今学校教育下常见的现象。

综合起来看,研究者认为当前教育惩罚主要存在以下 5 个方面的问题。

1. 惩罚偏离育人目的

相关研究显示,学校中存在着较多盲目惩罚的现象,这些惩罚不是基于学生改过迁善的目的,而是教师权威的展示、情绪化的表达等,偏离了育人的目的和作用。如,有人认为在教育实践中,惩罚的目的被异化为权威意志的体现,惩罚的施行更多的是为维护成人的利益。

惩罚目的的异化还表现在目的和手段的倒置,即把惩罚本身当作目的,惩罚仅止于惩罚。有人认为一些教师把惩罚定位为一种管理活动,甚至是管理工具而非教育活动。有人发现不少教师把惩罚当作一种功利的手段,以提高学生的学习成绩为目的,使惩罚失去应有的教育效果。有人对山西省永济市 4 所中学进行调查,结果显示有些教师把惩罚看成了一种以暴制暴的手段,惩罚偏离了教育目的,造成不当惩罚行为,失去了教育的意义。还有人以武汉市某两所中学为调查对象,其中对学生的调查结果显示,虽然大多数学生认为教师实施惩罚是为了维护正常的教学秩序,为了教育好学生,但也有很大比例的学生认为教师在惩罚时抱有急功近利,甚至是报复的心态。

2. 惩罚方式简单机械

大量研究发现学校中的惩罚形式多样,其中以体罚、心罚最为普遍。如打耳光、打手心、罚站、罚跪、罚跑、罚抄作业、罚劳动、讽刺、挖苦、辱骂等。很多研究者认为这些惩罚具有简单化,机械化的倾向。如,有研究者认为有些教师刻板地使用某种单一的惩罚手段,如一遇到学生违纪就找家长,迟到了就罚站,上课不认真听讲就"请"出教室等。

查阅相关文献发现,多数研究者认为学校中的不当惩罚方式主要有以下 3 类。

(1)身体性惩罚。研究者把它界定为一种加之于身体的惩罚,即通常所说的体罚。

有人对这种惩罚方式又做了细分,认为存在 3 种类型:常规体罚、超常体罚和变相体罚。"常规体罚被多数教师当作课堂控制的主要手段,如罚站、罚跑、罚劳动等;超常体罚是指一种极端的惩罚手段,通过直接击打学生肉体责罚其过错行为,如打耳光、揪头发、脚踢等;变相体罚是间接地使其身体遭受痛苦的一种惩罚手段,如罚写作业、不让喝水、不让上厕所等。"

有研究者认为身体性惩罚的危害性较大。如,有人发现不少教师以超量的作业作为惩罚学生的手段,由于惩罚的对象、内容等随意性大,内容比较单一,罚抄罚做的数量很大,容易激化学生的对立情绪,破坏师生间的正常关系,容易加剧学生对学习的厌恶,损害学生的身心健康。有人认为有些教师喜欢以"罚劳动"作为惩罚措施,这样会扭曲劳动和教育的本意,会造成学生对劳动的误读。

(2)精神性惩罚。是指"以引起学生心理、情感上的痛苦反应来责罚其违规行为的惩罚方式"。很多研究者称其为心理惩罚,具体表现形式有:讽刺、挖苦、恐吓、嘲笑、责骂、冷落、将学生赶出教室等。

有人对北京某两所小学进行了专门调查,研究结果显示学校中的心理惩罚具有普遍性:有90%的教师有过对学生训斥、责骂和恐吓的行为;有93.6%的学生遭遇过教师的训斥、责骂、讽刺、挖苦和疏远冷落。他认为心理惩罚是一种严重的教育病症。

(3)物质性惩罚。研究者把它界定为:通过剥夺违规学生的某种物质性利益责罚学生的违规行为,如没收某种物品、罚款、经济赔偿等惩罚方式。

资料显示,国外学校中也存在大量简单机械的惩罚方式。如,杜佩与丁格斯(2008)的报告,通过美国青少年医疗团体的统计数据显示,每年在美国教育机构中被曝光的体罚事件大约为100万起,实际上发生的体罚事件则高达200万至300万起。阿比纳夫·戈雷亚(2011)等人发现印度学校中体罚、心罚现象很普遍,学生受罚主要由于不遵守纪律、不完成作业等。

3.惩罚的"度"把握不当

查阅相关文献发现,较多研究者提及教育惩罚存在"度"的把握不当的问题,主要表现为惩罚"过重"与"过轻"两个方面。

研究者认为"惩罚过重"主要表现为:长时间地罚站、罚学生机械性地抄写作业数十甚至上百遍等;对学生讽刺、挖苦,甚至威胁、恐吓等;因个体的错误而过分惩罚集体,让学生受到集体舆论的指责,背上沉重的思想包袱;罚高强度的或长时间的劳动;等等。

惩罚"过轻",主要指有些教师片面强调赏识教育,回避任何形式的惩罚,而有些教师因害怕出事而不敢对违纪的学生惩罚,只是象征性地说几句,甚至不闻不问。国外学校也存在类似情况,尤其是惩罚"过重"的问题。

4.惩罚的实施有失公平

有研究者发现学校中的惩罚存在着不公平现象。如有人认为有些教师对学习成绩好或喜欢的学生,倾向于不惩罚,或者惩罚程度较轻,对学习成绩差或者不喜欢的学生,倾向于经常性的使用惩罚,而且程度较重。另外,有些教师会因为个别学生的违规行为,而惩罚全体,显示出明显的不公平。有人根据观察还发现男生惩罚多,女生惩罚少。

5.惩罚的效果评估缺失

有研究者认为很多教师在对违规学生惩罚后,轻视甚至忽视了对惩罚结果的反馈,没有对受罚者进行后续的观察和关心,没有深入了解学生受罚以后的思想动态。这种做法不利于学生心理健康发展,无法验证惩罚的预期目的是否达到,不利于积累有效惩罚的经验。

(二)教育惩罚实践中产生问题的原因

有研究者总结当前学校中的惩罚呈现随意性、专制性和严重性等特点,认为这些惩罚伤害了学生的身心健康,背离了惩罚的最终目的。

研究者认为,教育惩罚在实践中产生问题的原因很复杂,既有教师自身的原因,也有教育法规、制度、文化等深层次的原因,相关研究主要从以下3个角度讨论。

1. 社会因素

有人认为我国的相关法律、法规虽然规定禁止体罚和变相体罚,但没有对其明确地界定和说明,使得学校和教师在实际操作中难以把握体罚的程度。有人认为我国社会在选用人才的标准方面更加注重受教育程度的高低,甚至出现唯学历的异化现象,导致学校片面追求考试分数,这种压力迫使教师为了完成学校下达的任务而采取各种非正常的手段来对付学生。还有人认为由于惩罚消极影响的扩大以及对惩罚片面的认识,越来越多的人对惩罚持否定态度。另外,独生子女家庭越来越普遍,家长爱子心切,反对学校惩罚,有些教师迫于社会舆论的压力,不敢惩罚学生。

2. 学校因素

有人认为由于整个社会多把"分数""升学率"作为学校的评价标准,使得相当多的学校教学评估体制过于单一,"考试分数"成为评定教学质量、学校成败、教师好坏的唯一标准。另外,学校规则的制定也存在诸多问题,如随意性大,缺乏相应依据,甚至违法,等等。

3. 教师因素

有人认为教师惩罚的非理性化原因主要有:受传统师道尊严思想

的影响;教育法制观念淡薄;教学及管理水平有限;缺乏良好的师德;
工作压力大,心理失衡;等等。

多数研究者认为教师对教育惩罚的认识含糊不清是导致惩罚不
当的一个重要原因。如,有人认为许多教师对惩罚概念的内涵及其本
身所具有的教育意义认识模糊,本应该是讲究方法,追求教育效果的
惩罚权的行使,在一部分教师手中却变为赤裸裸、苍白的惩罚过程。

第三节　教育惩罚实施的原则及策略的研究

基于走出教育惩罚实践困境,提升惩罚实效性诉求,很多研究者
对教育惩罚该如何实施的问题做了积极探索,提出不少有创见的观
点。归纳起来看,研究者们主要从实施的原则和策略两方面展开
讨论。

一、惩罚的实施原则

关于教育惩罚的实施,研究者认为应遵循以下几条原则。

(一)教育性原则

多数研究者认为该原则是教育惩罚最重要的原则。有研究者称
其为"目的性原则",认为"惩罚实质上是一种教育手段,它服务于培
养人的最终教育目的"。

（二）尊重性原则

有研究者认为如果以尊重为前提，"惩罚不再是令人畏惧和抵触的教育手段，而是一种违反规则后的责任承担，是一种改正自己错误、走向心灵平静的转折点"。

（三）灵活性原则

很多研究者认为教育惩罚要因人而异，科学、合理的惩罚需要艺术和智慧，"教师在选择惩罚方式时，要针对不同的时间、场合、违规程度，以及被惩罚对象的年龄特征、性别差异、智能发展水平等，机智灵活地选择不同的惩罚方式"。国外研究者也持类似观点，如卡罗尔·西蒙·温斯坦认为教师在使用"暂停"惩罚前，要考虑孩子的性格特点，因为暂停方法对于愿意交际的孩子可能很有效，但是对于孤僻的孩子倒是一种奖励。

（四）适度性原则

研究者认为惩罚既不能太轻，也不能太重，"惩罚过轻，则达不到告诫和唤醒的目的；惩罚太重，则易伤害学生的自尊，产生逆反心理，起不到教育的作用"。

（五）与其他教育方法相结合的原则

多数研究者认为惩罚作为一种教育手段不应孤立地使用，应与说理、赞赏等方法结合使用。

此外，有些研究者提出自己的一些独到见解，如，有人认为惩罚的实施还应遵循关联性原则,即惩罚的手段和惩罚的原因之间应当有必然的关联相倚。譬如,学生在违反值日纪律后应采取与值日任务同类的手段来惩罚,而不宜使用罚站、罚跪、罚款等缺少关联性的手段惩罚。有人认为惩罚固然有其独特的教育作用,但它是一个极易产生副作用的"双刃剑",因此提出慎罚原则。有人认为惩罚实施的过程需要有人监督,以确保惩罚的公平、公正和学生的身心健康不受伤害,由此提出监督性原则,等等。

在国外也有不少研究者提出类似原则,如切姆林斯基建议教师尽量少用惩罚,不要用增加学生学习负担的方法来惩罚,避免当众惩罚和集体惩罚,以及绝对不可使用体罚等。

二、惩罚的实施策略

根据教育惩罚在实践中产生的问题,研究者对其有效实施策略的探讨大体上也是从社会、学校、教师三个维度进行。

(一)社会方面

有研究者认为教育惩罚的合理实施,需要社会为教育提供良好的支持系统。基于此,多数研究者认为社会首先要为教育惩罚提供一个法律支撑,对"教育惩罚""体罚""变相体罚"等做出统一的法律解释,制定操作性强的实施细则,建立健全的监督和制约机制。

其次,社会要提供一个良好的舆论背景。如有研究者认为要利用新闻、报纸等媒体,把正确的教育观念和惩罚理念逐步渗透到民众中,使社会成员对教育惩罚能够进行理性、公正的评价。

第三,家长也要加强修养,提高认识,经常与教师沟通,协助学校共同教育孩子。此外,有研究者认为社会可以设立专门行为矫治的学校,接收一些屡教不改的问题学生,这样既保障普通学生受教育的机会,又给问题学生提供矫正不良行为的场所,避免流入社会,形成不安定因素。

(二)学校方面

大部分研究者认为学校要制定科学、合理的校规校纪;要加强教师的管理与培训,提高教师的整体素质水平;并紧密联系学生家长,使学校教育与家庭教育形成合力,共同促进学生成长。在具体实施上,有人认为学校要成立家长委员会,便于家校联系,使家长有途径参与校规的制定和执行,并监督教师惩罚权力的行使。有人提出学校要建立监督机制,以防止教师利用权威滥用惩罚权力。

(三)教师方面

研究者认为教师要转变陈旧的教育观念,提高业务能力和心理素质,加强职业道德修养,惩罚的实施必须遵循一定的原则。有研究者针对有些学校不敢惩罚学生的现象,认为教师要正确认识教育惩罚,勇于实施正当的惩罚。

对国内外相关研究的分析发现,学校中的惩罚方式还存在着诸多问题,现状不容乐观。我国多数研究者认为教师合法持有惩戒权,学校中惩罚的存在具有合理性。从我国近 20 年的研究历程可以看到，我国研究者从早期注重体罚问题(如体罚的根源、危害性等)的探讨，逐渐转向对教育惩罚价值的关注。

综观近 20 年的研究成果，研究者主要关注了教育惩罚的内涵、合理性、方式、实践中存在的问题及原因、实施的原则和策略等方面。已有的研究成果取得了一定成绩，但关于教育惩罚如何实施的问题仍有待进一步研究。

如何实施教育惩罚，是实践中最难把握的环节，也是教育惩罚研究的主要"瓶颈"。查阅文献的过程中发现，研究者们在努力剔除不人道、不合理的惩罚方式，试图为教育惩罚的实践寻找出路，他们提出了不少的实施原则和策略，其中不乏有价值、有见地的建议。但也有不少研究者对于教育惩罚的种种弊端，只是提出了批评，"蜻蜓点水式"的探讨如何正确运用惩罚，而没有深入问题的实质，有些研究者只是做一些经验总结式的论述，泛泛的讨论惩罚的注意事项。另外，很多讨论未能摆脱形而上的思维方式，没有关注到现实层面，带有理想化的色彩。

总体上看，我国对于教育惩罚操作层面的研究还比较宏观，对教师如何实施惩罚大多集中在实施原则的探讨上，比如，"教育性原则""尊重性原则""灵活性原则""适度性原则"，等等。这些原则还太过笼统，对实践的指导意义还很有限。尤其是"适度性原则"，尽管研究者认为惩罚存在一个阈限的问题，超过这一阈限，就会造成对他人的伤害,而走向不道德。但是教师在面对"多长时间的罚站比较合理?""怎样的言语责备,学生才不至于受到伤害?"诸如此类的实际问题时,还是很困惑。目前这种微观操作层面的研究还比较薄弱,其难点在于对惩罚实施的"限度"的探讨。

第四节　《中小学教育惩戒规则(试行)》的实施

2019 年 6 月,中共中央、国务院发布的《关于深化教育教学改革全面提高义务教育质量意见》提出"制定实施细则,明确教师教育惩戒权"。①教育惩戒权第一次写入中央文件,足见国家对教师行使教育惩戒权的重视。为落实立德树人的根本任务,保障和规范教师依法履行教育、管理学生的职责,维护师道尊严,促进学生全面发展、健康成长,根据教育法、教师法、未成年人保护法、预防未成年人犯罪法等法律规定,经充分调研与广泛征求意见,教育部于同年 11 月研究制定了《中小学教师实施教育惩戒规则(征求意见稿)》②。2020 年 12 月 23 日,《中小学教育惩戒规则(试行)》(以下简称《规则》)以立法的形式确认

① 中共中央国务院关于深化教育教学改革全面提高义务教育质量的意见[EB/OL]. (2019 - 07 - 08). http://www. moe. gov. cn/jyb_xxgk/moe_1777/moe_1778/201907/t20190708_389416. html.

② 中小学教师实施教育惩戒规则(征求意见稿)[EB/OL]. [2019 - 11 - 22]. http://www. moj. gov. cn/news/content/2019-11/22/zlk_3236152. html.

了教育惩戒权的限度,于 2021 年 3 月 1 日起正式施行。《规则》指出教育惩戒是教师履行教育教学职责的必要手段和法定职权,是学校和教师在教育管理和教学过程中基于教育目的与需要,对违规违纪、言行失范的学生进行制止、管束或以特定方式予以纠正,使学生引以为戒,认识和改正错误的职务行为。①目前我国已明确将教育惩戒权赋予教师,其目的在于,当学生犯错时,教师"敢管""能管""愿管",真正实现教化学生的目的。教师应充分理解《规则》精神,树立边界意识和适当适度原则,依法审慎行使,既要有限度,更要有温度,由外在惩戒转化为内在的德行,激发学生的善意与潜能,使教育惩戒真正成为一种教育手段,成为学生"灵魂转向"的力量。

---

① 教育部《中小学教育惩戒规则（试行）》[EB/OL].[2020 - 12 - 23]. http://www. moe. gov. cn/srcsite/A02/s5911/moe_621/202012/t20201228_507882. html.

第三章 相关理论基础对教育惩罚的支撑

第一节 卡尔·曼海姆的知识社会学

"知识社会学"一词源于德文,为哲学及社会学大师马克斯·舍勒所首创。德国社会学家卡尔·曼海姆是继舍勒之后,对知识社会学的研究贡献最大的代表人物之一。

曼海姆认为,"知识社会学作为一种理论,它试图分析知识与存在之间的关系,作为历史—社会学的研究,它试图追溯这种关系在人类思想发展中所具有的表现形式。"他指出,"知识社会学所探求的是理解具体的社会—历史情况背景下的思想。"而这种思想不只是个体的思想,它包含了集体的意识形态。个体是不可能单纯地从自身的经历中形成世界观的,个体思想的形成应放在社会环境中考察。他说,"每个个人都在双重意义上为社会中正成长的事实所预先限定:一方面他发现了一个现存的环境,另一方面他发现了在那个环境中已形成的思维模式和行为模式。"因此,他提出"关于客体的检验不是孤立的行动:

它是在受到价值观、集体无意识和意志冲动的熏陶的背景下进行的。"

知识社会学的任务就是找出意识形态与个体或社会群体的联系,说明个体或某个社会群体"如何在某种理论、学说和知识运动中找到对自身利益和目的的表达"。

运用知识社会学的方法对学校中的惩罚现象进行考察,能够为我们对教育惩罚的研究带来新的思路。在学校场域中,教师对惩罚方式的选用并不突兀,其背后都有一种看不见的"知识"牵引,教师的语言、行为模式往往是其知识背景乃至某种集体意识的凝结。

"知识"对教师具有"塑性"甚至控制的作用,如果我们无视教师行为背后的知识及其行动的目的,就会遗漏许多有价值的影响因素。因此,我们不能"悬置"教师的"知识"基础讨论学校中的惩罚问题。探索教师教学活动中某种知识的建构过程以及制约这一建构过程的诸多因素,有助于我们对教师"知识"活动的阐释与理解,也有助于我们探讨合理的教育惩罚的实施路径,运用知识社会学理论的意义就在于此。

我们通过尝试采用"知识社会学"的方法,探寻教师隐伏的思想观念是如何形成,如何被合法化的,又是怎样无声的和实践建立联系。我试图以 A 小学为对象,从以下途径将萦绕于教师言行中暗藏的东西呈现出来。

首先,通过对 A 小学的日常运作进行考察,思考教师的惩罚方式与 A 小学的运作方式是否有关联。其次,通过观察、访谈、实物分析等多种方法探析教师言行背后暗含的"知识观念",并尝试对其进行研究和重新阐述。其目的在于,一方面,找寻究竟何种知识"控制"了某些教师,使其对学生做出不当的惩罚,并试图对这种"知识"进行消解。另一方面,"知识"是不断生成、不断建构的,因此我尝试重构一种可能的"知识",以引领教师对惩罚方式做出合理的选择。

第二节　亨利·柏格森的生命哲学

生命哲学是19世纪末反对实证主义和理性主义思潮的产物,是20世纪第一个非理性主义的哲学流派。生命哲学的集大成者亨利·柏格森,自创了以"绵延"为核心的哲学体系,使生命哲学成为一种有影响的非理性哲学。

柏格森的生命哲学"是对理性主义反抗的一个极好的实例"。他从机械的物理世界中发现了生命的活力与创造力,虽然生命并非人所仅有,但他认为人是生命的最高形式,他说,"动物还在拖曳着锁链,它做的一切努力充其量只能使锁链延伸。只有人类的意识才能真正摆脱锁链。在人类,也只有在人类,意识才获得自由。"

在柏格森看来,人是自由的,而自由就是对自我的把握。真正的自我是绵延的,而绵延的每一瞬间都是流动的、变化的,因此别指望人的发展总会趋向某个完美的目标,人有无数的发展可能性。他说,生命的本质就是绵延,绵延是一种创造,是一种本原的冲动力,而这种冲动力是世界上一切事物生生不息、推陈出新的最深刻的根源。柏格森的绵延意识,具有一种不断完善自我的连续性,"创造""选择"存在于我们生命的每一瞬间。因此,柏格森认为每个人都是创造者,每个人都是自由者,但他又提醒我们:如果因循守旧,不时刻反省自我,克服理智对生命的束缚,那么人的自由反而是痛苦的缔造者,幸福的毁灭者。他说,"我们的自由在确立自由的运动中创造出日益强大的习惯势力,如果自由不用不懈的努力更新自己,就会被这些势力所窒息,自由后面就是无意识。"

柏格森的生命哲学是对传统哲学的理性主义机械论和决定论的反拨,他认为唯科学主义忽视对生命的关怀。他指出,生命的问题不能以纯粹理智的手段来处理,我们只有在直觉中才能把握生命的本质,直觉就是把自己置身于对象之内,以便与其中独特的、无法表达的东西相符合。在直觉中,认识主体与认识对象完全融为一体,从而达到对对象的有机的整体的把握。他对人的主体性予以充分的肯定,认为人无时无刻不在生成、创造中,无时无刻不在生命绵延中,每个人都是自己生活的创造者。

我们认为,柏格森的生命哲学理论对学校教育具有重要的启发意义。首先,现代社会随着科学技术的迅猛发展,激发了人们对效用的迷恋,人类的许多活动被技术标准所规范和引导,一定程度上压制了人的主体性,人丧失了自由和创造力,成为马尔库塞所说的"单向度的人",即"丧失对社会现实进行合理批判能力的人"。

在学校场域中,我们不难发现一些规章制度对教师的牵制,使得部分教师丧失了创造性,沦为"分数""升学率"的工具。柏格森的生命哲学告诉我们,我们究竟想成为什么样的人,完全取决于自己,教师是否具有创造性也取决他们自己,教师是自由的。柏格森说,"当我们自由行动时,就在自身中体验到了创造"因此,我们应当秉承这样信念:每位教师都具有创造的可能性。其次,柏格森的生命哲学还给我们一个启示:每个人都是发展中的人,学生亦是如此,每个学生都有发展的无限可能性,因此,教师不要给学生贴标签,不要用机械的、凝固的、静止的眼光看待学生。

第三节　亚伯拉罕·马斯洛的需求层次理论

美国心理学家亚伯拉罕·马斯洛在《人类动机的理论》一书中提出了著名的人的需求层次理论。该理论将人类的需求分为五种:生理需求、安全需求、情感和归属需求、尊重需求、自我实现需求,并追加了求知需求和审美需求,将其置于尊重需求和自我实现需求之间。

马斯洛认为只有当人的低层次需求被满足之后,才会转而寻求实现更高层次的需求,只有所有的需求被满足后,才会出现自我实现的需求。他认为需求是按先后顺序发展的,满足了的需求就不会成为激励的因素。他说,"人是一种不断需求的动物。除短暂的时间外,极少达到完全满足的状态。一个欲望满足后,另一个迅速出现并取代它的位置,当这个被满足了,又会有一个站到突出位置上来。人总是在希望着什么,这是贯穿他整个一生的特点。"需求是人行为的原动力,也正是因为有需求,人才会不断走向新的高度,才有可能最终实现自我。自我实现者是独立的、自由的,他们"实际上从不允许习俗惯例妨碍或者阻止他们做他们认为是非常重要或者根本性的事情。在这种时刻,他们独立于惯例习俗的灵魂便显露出来"。

虽然马斯洛的需求层次理论有一定的局限性,比如人的需求层次不一定按从低到高的顺序排列,人在低层次需求未得到满足时,也可能会有较高层次的需求。但该理论所持的"需求是行为的动机"的观点,我们认为是合理的,对教育有着重要的启示作用。

第一,需求理论对教育环境、教育的方式方法的改善和优化有一定的价值。首先,学校要给予学生安全的需求,不仅是物理环境上的安全,更为重要的是心理的安全,如果教室里充斥着威吓、漫骂、体罚,很可能使学生惊慌失措,惶恐万分,"这里面所包含的绝不仅仅是皮肉之苦"。因此创设良好的教育氛围,才可能使学生以积极健康的心态去面对学习,无拘无束地发展。其次,每个学生的需求不尽相同,教师要关注学生的成长,重视学生的实际需求,从学生的需求中寻找教育的契机。当教师关注到学生需求层面时,才会以审慎的态度对待犯错的学生,对惩罚方式的选择才不会过于草率。

第二,需求理论对学校教师队伍建设方面也有一定的指导意义。充分给予教师物质、精神方面的关怀,能够激发教师的工作热情,形成积极健康的生活态度。当教师感觉到生存方面不受威胁时，才能够自由地投入工作，这时也就很可能进入了马斯洛所说的"自我实现"的需求，"自我实现也许可以大致地被描述为充分利用和开发天资、能力、潜能等。这样的人似乎是在实现他们自己、最淋漓尽致地从事着他们力所能及的工作。"当教师成为"自我实现"者时，教育也就出现了"教育美"，教育惩罚方式就有可能充满了智慧，充满了人性的关怀。

第四节　马卡连柯的集体主义教育理论

安东·谢妙诺维奇·马卡连柯是苏联著名的教育理论家和教育实践家。他认为教育儿童是生活中的一个最重要的方面，儿童是国家未来的公民，也是世界的公民。他说："不好的教育是我们将来的痛苦、辛酸，是我们对其他的人们和整个国家的罪过"。

在马卡连柯30多年的教育工作中，紧张地工作了20万多个小时，成功地、创造性地改造了3 000多个流浪儿童和少年违法者，使他们成为有文化、有道德的苏联公民，他也因此受到了人们广泛的赞誉和关注。他长期从事教育工作，积累了丰富的教育经验，他的教育实践和教育理论极为丰富并富有启迪，蕴含着许多发人深省的宝贵思想和教育智慧，对改进我国当前的教育工作有着重要的借鉴意义。本研究将基于马卡连柯集体主义教育理论，深入探讨教育惩罚可能的实施策略，以期为小学教育惩罚实践提供可行的实施路径。

集体主义教育是马卡连柯教育思想体系的核心。马卡连柯认为，集体教育的方法"既是总的和统一的方法，又是使每一单独的个人能发挥自己特点，保持自己个性的方法"，这是一种培养社会主义新人的方法。个体只有在集体中，通过集体、为了集体才能真正成长为社会所需要的人。因此，关于如何组织和培养集体，如何使集体发挥教育作用是马卡连柯教育实践与教育理论研究的重心。在他的集体教育理论中，主要论述了教师集体和学生集体的构建等问题，他认为两个集体是密切相关的，他说："教师集体和儿童集体并不是两个集体，而是一个教育集体"。

一、教师集体

马卡连柯认为教师集体在教育工作中有着重要的作用。如果学校中没有确定的方针，教师的力量涣散，害怕大胆的创造，那么这样的情况甚至会使最有才能的教师的工作效率降低。他说："凡是教师没有结合成一个集体的地方，凡是集体没有统一的工作计划，没有一致的步调，没有一致的、准确的对待儿童的方法的地方，那里就不会有任何的教育过程。"他认为教师应该有一个集体，这个集体"要有统一的工作方法，要不但能集体地为'自己的'班级负责，而且能为整个学校负责，如果没有这样团结一致的教师集体，那么，所谓正常的学校教育工作是很难想象的"。因此，他主张"应该有这样的教师集体：有共同的见解，有共同的信念，彼此间相互帮助，彼此间没有猜忌，不追求学生对个人的爱戴。只有这样的集体,才能够教育儿童。"

可见,马卡连柯是反对教师单独行动的,他认为教师应成为学习、精神的共同体,他们应该拧成一股绳,形成教育合力,共同促进学生的成长,而不是追求个人荣誉。他说:"如果有五个能力较弱的教师团结在一个集体里,受着一种思想、一种原则、一种作风的鼓舞,能齐心一致地工作的话,那就要比十个随心所欲地单独工作的优秀教师要好得多。"这对于今天的教师队伍建设仍有着积极意义。

二、儿童集体

在集体主义教育理论中,马卡连柯深刻地分析了儿童集体的构建、成长等问题,主要包括对纪律的论述、前景教育的设计、惩罚教育的应用等。

(一)纪律问题

马卡连柯认为"纪律首先并不是教育的手段,而是教育的结果,以后才能成为一种手段。"

纪律是一种道德的和政治的现象,它是整个教育过程的结果,而不是个别的特殊方法的结果。纪律应伴随着自觉,也就是说要充分认识到什么是纪律,为什么需要纪律。他说,人们时常把纪律理解为纯粹的表面的秩序或表面的手段,这样理解纪律,纪律便永远只是压制的方式,永远会引起儿童集体的反抗,并且除了反抗和希望摆脱纪律的束缚之外,什么也培养不出来。

当谈到什么是纪律的基础时,马卡连柯回答:"纪律的基础就是不需要理论的一种要求。如果有人问我,怎样以简单的公式概括我的教育经验的本质时,我就回答说:要尽量多地要求一个人,也要尽可能地尊重一个人。"

马卡连柯认为要求与尊重是一致的:"我们对个人所提出的要求,表现了对个人的力量和可能性的尊重;而在我们的尊重里,同时也表现出我们对个人的要求。"他还说:"如果对个人没有要求,那么,无论建立集体,无论建立集体纪律,都是不可能的事情。我是主张对个人要有要求的,我拥护对个人提出一贯的、坚定的、明确的、不予修正和毫不放松的那种要求""……我敢肯定地说,如果没有要求那就不可能有教育。"马卡连柯在集体的形成过程中不断地提高对儿童的要求,他认为个人的成长与集体的成熟是密不可分的。

(二)前景教育

马卡连柯认为,前景教育在儿童集体的形成与发展中具有重要的地位。他说:"人的生活的真正刺激就是明天的欢乐""培养人,就是培养他对前途的希望"。个体如此,集体亦然。

关于如何对集体进行快乐前景教育时,马卡连柯指出应该从最简单原始的满足感到最深刻的责任感。为了培养儿童对集体的希望,他提出"近景""中景""远景"三部分教育。

近景教育可以从眼前最简单的快乐着手,然后慢慢转变为比较远大的满足,年龄越大实现乐观近景的境界就往后推得愈远。在近景教育中,马卡连柯告诫我们要防止享乐主义,应以高尚的快乐将低级的"惬意的"消遣排挤出去。

中景是经过一段时间努力以后才可以实现的中期目标,只有当大家都能感觉、都在强化和美化每一个近景时,中景才有教育意义。

远景虽然是集体较为遥远的将来,但是如果儿童觉得集体很好并且很爱它的话,儿童对集体的未来不会漠不关心,美好的远景可以吸引儿童更加努力地工作。马卡连柯的前景教育是符合青少年的心理特点的,对于学校教育管理工作很有价值。

(三)惩罚教育

马卡连柯堪称"惩罚大师",在他长期地教育实践中,成功地将惩罚教育运用到实际的工作中,培养了很多对社会有用的人才。

马卡连柯认为教育中需要惩罚,他说:"如果学校里没有惩罚,就必然会使一部分学生失去保障。解决这一难题的措施就是惩罚。"但他所赞成的惩罚是有要求的,不是随意的、机械的惩罚。他说:"优秀的教师利用惩罚的制度可以做很多事情,但是笨拙地、不合理地、机械地运用惩罚会使我们的整个工作受到损失。"

马卡连柯对惩罚提出了很多要求。首先,惩罚是有目的的,它必须让学生真正认识到为什么受罚,并且理解惩罚的意义。他说,惩罚本身不是目的,不应该只是使人的肉体受到痛苦,惩罚的最终目的是让学生更好地成长。他认为"合理的惩罚制度不仅是合法的,而且也是必要的。这种合理的惩罚制度有助于学生形成坚强的性格,能培养学生的责任感,能锻炼学生的意志和性格,能培养学生抵抗引诱和战胜引诱的能力。"

其次,应当慎重使用惩罚。马卡连柯认为惩罚只有在一定的情况下才可以使用,他说:"一般地说,应当尽可能地少处分,只有当非处分不可的时候,当处分显然是有目的的时候,以及公众舆论赞成处分的时候,才应当处分。"他认为惩罚不是一件简单的事情,因此不能随意地交给教师处理,他说:"只有教导主任和机关领导才有权进行惩罚""在惩罚前应当清楚地了解学生,必须和学生谈话"。

再次,马卡连柯认为惩罚里应包含着尊重和要求。他说,"要在惩罚中体现出对学生的要求""确定整个惩罚制度的基本原则,就是要尽可能多地尊重一个人,也要尽可能多地要求他。"此外,马卡连柯还指出惩罚要因人异,"在惩罚问题上,不能开出一张通用的药方""惩罚应当严格地按照具体的情况和不同的学生使用各种惩罚"。

马卡连柯一生卓越的工作成就无可辩驳地证实了孩子的可教育性,在谈到教育可否有废品时,他回答:"我断然相信,并且一生都是这么说:连百分之一不合格的、连一个被浪费了的生命都不准许有。"他要求教师接受这个定额:在教育工作中,百分之一的不合格都不能有,这是教师应负的责任。他深信"男女孩子们所以成为违法者或'不正常的人',都是由于受了'违法的'和'不正常的'教育的缘故"。

马卡连柯面对的是特殊的教育对象,尚可如此乐观,我们就更没理由不用乐观的态度看待我们的学生。另外,马卡连柯认为培养教师的教育技巧很重要。他说,怎样站,怎样做,怎样提高声调,怎样笑和怎样看待"细枝末节",对教师是具有决定意义的。

在许多学校里,有的教师上课,学生能安静地坐着听,而在另一位教师上课时,情形却很糟糕,这是因为一个教师有教育技巧,而另一个教师没有。马卡连柯认为作为一个教师至少应掌握以下一些技巧:要善于组织学生集体;要善于观察青少年的个性特征;要善于处理教育实际工作中的各种问题;要善于控制自己的行为、声调和表情;等等。他说:"技巧是可以获得的东西,正像可以作一个有名的旋工,可以作一个出色的医师一样,教师也应当并且一定能够成为一个呱呱叫的能手",马卡连柯坚信只要教师用心,是能够成为优秀的教育能手的。

第四章　教育惩罚研究对小学教育的目的和意义

第一节　教育惩罚研究对小学教育的目的

根据小学场域中的不当惩罚频频发生的现状,通过对教育惩罚的研究,结合卡尔·曼海姆、马卡连柯等人的著作及理论,从而判别小学日常生活中的惩罚是否具有存在的合理性和必要性,如果小学教育中的惩罚具有合理性,那么在多大限度内是合理的? 合理性的标准又是什么? 有什么依据? 合理的惩罚该如何操作?

第二节　教育惩罚研究对小学教育的意义

一、理论意义

首先,对教育惩罚的概念进行厘清。对教育惩罚的基本概念缺乏清晰的理解,让人们对教育惩罚的争议很大,不少人提出要禁止教育惩罚,也有很多人直接将其与体罚混为一谈。厘清教育惩罚的概念有助于人们理性认识学校中的惩罚现象,避免因对其概念的理解混乱而产生无谓的争论。

其次,着眼于探寻小学教育惩罚的张力与限度。通过尝试以哲学反思的角度对不当惩罚发生的根源进行剖析,揭示其教育意义丧失的根本原因,在以往研究的基础上,对教育惩罚的价值做进一步论证及理论阐释,以丰富教育惩罚理论的研究。

二、实践意义

首先,对教育惩罚发挥功能的期待。现实教育中并非所有的惩罚都发挥了教育功能,有些教师仅仅把惩罚视为实现课堂控制和维护教学秩序的手段,有时还成为一些教师泄愤的工具,惩罚的意义被严重窄化。本研究期待一线教师从中获得启发,不断领悟"教育惩罚"的本真意义,并不断反思自己的惩罚行为,坚信教育好学生有无限的可能,让"惩罚"真正发挥教育功能。

其次,有针对性地提出实施策略。力求立足于教育实际,深入小学现场,通过收集惩罚事件和教师使用的惩罚方式及其效果的信息,揭示学校教育中惩罚实践所存在的问题,为教育中惩罚的合理实施提供一条可供尝试的路径。

第五章　教育惩罚的研究思路及方法

第一节　研究思路

第一,针对"小学日常生活中的教育惩罚",首先,应对相关文献进行梳理分析,廓清教育惩罚的研究现状与不足。在已有研究的基础上,对教育惩罚的内涵做进一步挖掘。

第二,进入小学现场,通过观察记录、个别访谈、实物分析、问卷调查等方法获取第一手资料。

第三,对获取的资料进行整理分析。尝试对样本小学中的惩罚方式进行分类,对其中的不当惩罚进行社会学方面的批判与反思。

第四,结合中外教育惩罚的成功案例,以教育学、心理学、生命哲学等相关理论为支撑,讨论教育惩罚可能的形态,尽可能地提出可供尝试的建议。

第二节　研究方法

质的研究是"以研究者本人作为研究工具,在自然情境下采用多种资料收集方法对社会现象进行整体性探究,使用归纳法分析资料和形成理论,通过与研究对象互动对其行为和意义建构获得解释性理解的一种活动。"针对小学日常生活中的教育惩罚,需要回归小学教育的"生活世界",借助质的研究方法呈现课堂内外真实发生的惩罚事件。通过与教师和学生的互动,理解惩罚产生的原因,弄清不当惩罚的症结所在,为能有针对性地提出建议提供依据。

"小学日常生活中的教育惩罚"采用质的研究中的个案研究法展开。尽管很多研究者质疑个案研究的代表性,认为它不能在方法论上提供合理的关于一般性质的结论。但是我们认为对部分的研究,也能在一定程度上呈现出整体的多样性和复杂性。

个案研究能够提供一种独具特色的观察和分析视角,其科学性在于它具有打开发现问题的通道,也有可能为进一步的研究提供洞察力或者为提出一些假说打下基础。我国著名社会学家费孝通的《江村经济》是个案研究的典范,英国社会人类学家马林诺夫斯基在其序言中说到该著作"通过一个熟悉的小村落,我们犹如在显微镜下看到整个中国的缩影"。正如佛家所言:一沙一世界,一叶一菩提。

以下为具体研究方法：

一、观察法

作者努力以"局内人"与"局外人"双重身份进入现场。一方面，"脱离"环境，客观审视样本小学的日常运作。另一方面，融入该小学，成为其中一员，以获取较为真实、自然的信息。在此过程中，采用参与型观察和非参与型观察两种方法，这两种方法根据具体场景，灵活选用。

具体观察设计如下：

（1）通过随堂听课，观察教学过程的每个细节。

（2）课外观察，如对出操、集会、课间、上学、放学等的观察，主要观察学校日常生活中的规范和禁忌，以及教师处理不守纪律学生的方式。

（3）利用空闲时间，到各班级外随意走动观察，在不产生打扰的情况下，努力观察学生的个性特点和行为差异。

在观察中，我将主要抓住"谁""什么""如何""何时""何地""为什么"六个方面的问题收集惩罚事件，详细记录教师对犯错学生的处理方式、教师的言行及学生受罚后的态度。

二、访谈法

采用开放式访谈和半开放式访谈两种方式。访谈法与观察法配合使用,对观察到的惩罚事件及时与师生沟通,了解事件发生的原因,当事人的想法等。随着观察的深入,针对不同的问题,进行深度访谈。为获得比较真实、可靠的信息,尽量以"闲聊"的形式与教师、学生及行政管理人员交流,了解他们对教育惩罚的理解;了解教师惯用的惩罚方式;了解教师对惩罚行为的解释及学生受罚后的内心感受;等等。另外,尽可能地访谈家长,了解他们对孩子受罚的态度。

三、实物分析法

"将实物作为质的研究的资料来源是基于这样一个信念,即任何实物都是一定文化的产物,都是在一定情境下某些人对一定事物的看法的体现;因此这些实物可以被收集起来,作为特定文化中特定人群所持观念的物化形式进行分析。""实物通常是在自然情境下生产出来的产品,可以提供有关被研究者言行的情境背景知识。"可见,通过实物收集到的资料比较真实、可信。实物分析还可以用来与观察、访谈等渠道获得的资料进行相关检验。本研究把实物分析视为一种重要的收集资料的方式,主要通过拍照收集所有与教育惩罚有关的文字、图片、物品等,如学生的微日记、教室里的教鞭等,并对这些实物进行分析,解读其背后隐藏的"知识"。

四、问卷调查法

问卷调查法作为质的研究的补充,调查的对象主要是教师和学生。通过问卷调查,一方面可以对样本小学的基本情况有一个较全面的了解,并能针对问卷中的描述,再次深入班级详细了解情况,进一步验证事实的真伪。另一方面,可以对所获得的原始数据资料进行统计分析,加深对研究问题的思考。

第六章　对教育中惩罚的"无立场"思考

对教育中惩罚问题的思考,关涉到如何思考教育的问题,"教育不是依据知识而操作的行动,也不是依据上级指令而做出的行为,而是价值的判断与选择",教育面对的是鲜活的生命个体,它需要思想和智慧才能做出真正合目的的价值选择。

关于教育问题,如果仅仅从某一立场把握,不能超越偏好对其进行客观审慎地分析,这样的思考是没有多大价值的,即便有部分价值,也不能从根本上解决问题。教育中的惩罚问题作为教育问题之一,也需要我们去除各种刻板印象进行全方位思考,即以无立场的思维方式观惩罚问题。"无立场地看问题就是游移地从每个立场看问题,如庄子所说的水的流动性,像水一般地从一个立场流变到另一个立场,但绝不固执于某个立场。无立场就是全立场,即根据条件去利用每个可以利用的立场。"无立场是一种批判反思性的思维方式。

第一节　教育中惩罚合理性的"无立场"思考

一、有关教育惩罚合理性的争议

人们对教育中该不该存在惩罚的问题,立场不一,但无一例外,他们都十分关注学生的成长,其愿望都非常良好,给出的解释似乎也挺有道理。但细细考量,会发现有些解释可能存在某些片面化的倾向,甚至以偏概全。关于教育中的惩罚,如果我们只是非此即彼地赞成或反对,不去思考什么是教育,不去思考人性,不去关注现实层面更为复杂的问题,单就直观地判定惩罚该不该存在,这只不过是一种非反思的日常判定,这种判定很容易导致片面、狭隘。

有人认为学校中不应该存在惩罚,因为"所谓惩罚,往往是对学生主体意志和力量的否定,是教师单边意志的体现""从教育的长效机制看,惩罚并不是良策。处于弱势的学生,不敢、不能、更无力反抗加于他的惩罚",因而断定"惩罚实际上是否定学生自我负责的机会,它不属于真正意义上的教育"。

如果把惩罚限定为某种恶性的惩罚,某种简单的、草率的惩罚,上述观点我们是表示赞同的,但很遗憾,我们找不到类似的界定。如果惩罚仅仅只意味着痛苦,那它的确是不应该存在的,因为趋乐避苦是人的本性,谁愿意把自己的孩子送到学校受苦?又有哪位教师愿意做学生眼中的"恶人"？在这个意义上，或许赏识真的要比惩罚好很多。但问题是，仅仅这样理解惩罚是不是太过狭隘？很多人之所以对学校中的惩罚持坚决反对的态度，是因为他们把惩罚更多地理解为痛苦，理解为诸如"体罚""心罚"等意义上的惩罚，因此他们常常与赞成者形成一种对立的紧张，似乎教育中有了惩罚，教育就成了彻彻底底的失败。但是，学校中果真都不需要惩罚？所有的惩罚都不具有教育意义？当然，反对者对学校中惩罚的担忧也不是完全没有道理的，在我们的学校中的确存在着滥用惩罚的现象，但能否因噎废食？这很值得我们深思。

赞成者认为教育中需要惩罚。目前教育界有一个比较时髦的话语：没有惩罚的教育是不完整的教育。人们对该话语的理解不尽一致，有些人可能仅从字面上理解，认为教育中必须要有惩罚，教育似乎与惩罚须臾不可分。这多少有点让人担心：如果可以不用惩罚，比如用说服、表扬等方式就可以教育好学生时，也一定要用惩罚？再说，教育中到底需要什么样的惩罚？他们通常也不假思索，泛而空地讨论：教育需要惩罚，但不能有体罚、心罚等。而对于体罚、心罚概念的界定也是含糊不清的，这样的讨论恐怕对实践的指导意义太过有限。如果仅把"没有惩罚的教育是不完整的教育"当作一个口号，那么很容易导致一个危险：学校中惩罚的滥用愈加严重。当然，该话语的提出并非此意，它主要针对普遍为人们所提倡的"赏识教育"提出的。提出者认为社会充满了惩罚，应及早让孩子懂得为自己的过失负责，以便在未来更好地适应社会。过分提倡"赏识教育"对孩子人格的养成不利,因此在教育中既要有"赏识",也不应忽视"惩罚"的积极作用。该观点站在孩子社会化及人格培养的立场上,看到了过度"赏识教育"的弊端,提出教育需要惩罚,我们认为是合理的。但仅仅这种认识还不够,还需要我们进行不断地追问:教育中需要怎样的惩罚?怎样的惩罚才具有合理性?合理性的标准是什么?

二、从人性视野中审视教育惩罚

我们对教育所有问题的思考都最终要落到"人"的问题上,如何理解人性是教育的基本前提。"人"是什么?这是一个古老的问题,德国哲学家恩斯特·卡西尔说:"认识自我乃是哲学探究的最高目标——这看来是众所公认的。"

纵观哲学史,会发现人们对"人性"问题的探索由来已久,我国自孔子以来,就一直在不断地思考与阐述"人性"问题,如孟子的"性善论"、告子的人性"无善无恶论"、荀子的"性恶论"等。西方有关人性的探讨,如黑格尔的人的"理性"观、尼采的"权力意志"学说、弗洛伊德的"性欲本能"理论等。由于人们的立足点不同,对人性的理解也不尽一致。

目前学术界比较普遍的观点认为,人性包括人的自然属性、社会属性和精神属性。这种三种属性有高低之分,自然属性是人的最基本的属性,社会属性和精神属性是人的自然属性的升华,是人区别于动物的根本特征。

自然属性主要指人的自然欲望,具体表现为人有食物的需求、生命安全的需求、繁殖的需求等,这是人存在的基础。人来到这个世界,首先以自身的需要为中心,不断地与外界接触,也不断地感受外界带给自己的快乐与痛苦,"求生"的欲求使得人回避痛苦,追求愉悦。

自然属性决定了人的"利己"本能,因此人是"自私"的,人可能会为了"一己之欲"不择手段,损害他人的利益,从这个层面上说,人可能具有"恶"性。可以说,自然属性就是人的动物性(或兽性)的一面,它是人性的底色。"人来源于动物界这一事实已经决定了人永远不能摆脱兽性。"承认人的自然属性并不意味着人就如同动物般的生存,动物只能消极地适应自然,而人则在积极地改造自然的过程中维持自己的生存和发展,在这个过程中,人不可避免地要与他人发生各种各样的关系,也正是这些复杂的关系决定了人的本质,形成了人的社会属性。

马克思说:"人的本质并不是单个人所固有的抽象物。在其现实性上,它是一切社会关系的总和。"社会属性决定了人难逃各种关系的制约,人必然要在各种规则的框架内活动,也正因如此,人的"恶性"才可能得到控制。卢梭说:"人是生而自由的,但却无往不在枷锁之中",这是人的社会属性使然。人除了具有自然属性和社会属性外,还具有精神属性,这是人与动物最大的区别。"对于人类来说,只有追求生命的价值与生活的意义才能表征人的存在。因此,人无法忍受'存在的空虚'。人要超越现实的存在而创造理想性的存在。"人总是在不断地

实现自我发展和自我确证的过程中,获得精神的满足。精神属性使人
具有了理性思维、道德素养和"利他"的情感,人也因此才可能做出
"杀身成仁、舍生取义"的壮举。从这个层面上说,人可能具有
"善"性。

　　人性中的三种属性如果与弗洛伊德的人格理论对照,可将人的自
然属性视为"本我"的存在,社会属性视为"自我"的存在,而精神属性
则是一种"超我"的存在。

　　"本我"是"欲望"的我,按照快乐原则行事。"自我"是"现实"的
我,遵从现实社会的各种规则。"超我"是"精神"的我,追求"至善",
它与"自我"一同对"本我"加以限制,不使"本我"为所欲为。

　　这三种属性决定了人性中既有"善"的一面,也有"恶"的一面,是
"善"与"恶"的交织,正是人性的这个特点,使得社会的稳定需要一定
的纪律来保证,涂尔干说:"纪律的出现是人性本身所需要的。"因为
"无论何时,我们的希望,我们各种各样的情感,都必定处在各种限度
之内。纪律的功能就是保证这样的约束,如果缺乏这样一些必要的限
度,如果我们周围的道德力量再也不能制约或裁抑我们的激情,那么
人类无拘无束的行为就会迷失在虚空中。"正因为人性有"恶",所以
需要纪律,而纪律要发挥作用,就需要一定的规则,违反规则就意味着
要受到惩罚。也就是说,人要实现从"恶"到"善"的转变,需要靠一定
的惩罚措施对"恶行"加以约束和管教。学生作为人的存在,他们同样
也具有人性的特点,教育的目的是使他们更"成人"。因此,"教育离

不开对学生的控制,离不开利用强化塑造学生的行为习惯。"由此可见,教育中的惩罚具有一定的合理性。

第二节　教育中惩罚的相关概念辨析

上述关于教育中该不该存在惩罚的分歧,我们认为部分缘于人们对概念理解的偏差。以下我们将基于分析教育哲学的视角,对教育中惩罚的相关概念进行解读。"分析教育哲学脱胎于分析哲学,主张运用分析哲学的方法对教育的概念、命题及问题进行分析,以使教育活动更有意义,更富成效。"厘清相关概念有利于我们理性认识教育中的惩罚现象,避免因对其概念的理解混乱而产生无谓的争论。为了更好地理解教育中惩罚的内涵,我们重点辨析以下几个概念:"教育""惩罚""体罚"。在此基础上,我们将对教育性惩罚(下述简称"教育惩罚")的内涵做进一步探讨。

一、教育

从我国字源上看,"教""育"两字最早出现在甲骨文中。在甲骨文中,"教"像成人执鞭监控孩子学习,"育"像妇女养育孩子。最早将"教""育"合并使用的是孟子。在西方"教育"一词源于拉丁文的Eduiere,其本义为"引出"或"导出"。

从词源可以看出,中西方教育理念明显存在差异,我国强调"外铄",有管束之意;西方强调"内发",把人固有的或潜在的素质引发出来。二者虽有差异,但都重在"培育"人。中外教育史上,对"教育"所下的定义非常之多,而对于什么是教育,至今仍未有统一的看法。但无论何种解释,莫不把教育看作培养人的活动。

我国最早的教育专著《学记》把教育者的作用解释得很清楚,"教也者,长善而救其失也",换言之,教育就是要发扬人们的优点,并且补救他们的缺点。美国教育家杜威主张"教育即生长",也言简意赅地道出了教育的本义,教育是为了帮助人的成长。而人在成长过程中不可避免地会犯这样那样的错误,助人成长的"教育"无法规避惩罚问题,可见,"惩罚"在教育中的产生是必然的。

二、惩罚

"惩罚"一词与"违反规则"总是逻辑地联系在一起。如果所有犯错者(M)都要受惩罚(P)(大前提),张三(Z)违规(小前提),那么张三(Z)要受惩罚(P)(结论),这是惩罚的逻辑解释。为了使"惩罚"的含义更加明朗化,有必要对其进行分析,其中涉及一些混乱不清的理解。

1."惩罚"的词性

对"惩罚"词性的辨析有助于我们把握"惩罚"的本义。那么,惩罚是褒义词、贬义词还是中性词? 由于伴随"惩罚"的总是痛苦,人们直观地将"惩罚"界定为贬义词。

张三(Z)犯了错误,那么要受到惩罚(P),如果"惩罚"一词为贬义,那么将非法地暗示"张三犯错是对的"。惩罚为褒义词吗?褒义词往往含有赞赏、喜爱、尊崇、美好等感情色彩的词,而"惩罚"必将给受罚者带来痛苦,那么该词既不美好,也不令人喜欢,可见也不是褒义词。

心理学上认为惩罚是"行为者在一定情景或刺激下产生某一行为后及时使之承受厌恶刺激(又叫惩罚物)或撤销正在享用的强化物,那么其以后在类似情景或刺激下该行为的发生频率就会低"。可见,"惩罚"一方面针对其过错行为,有意识地剥夺受惩罚者的某种权益,使其感觉不快或痛苦。另一面对其"之后"行为以"警戒",避免不良行为的发生。

惩罚体现了社会的公正,而公正若要得到维持,就不能感情用事,需要惩罚措施来保证。惩罚不具有特殊的感情色彩,不含有"厌恶"或"喜爱"之意,可见,该词属于中性词。

2."惩罚"的所指

"惩罚"是人们较为经常使用的概念,人们普遍认为犯了错的人就要受到惩罚,那么如何惩罚,惩罚的标准是什么?

"惩罚"在不同的文献和词典中的表述不尽相同。汉语语境中的"惩罚"具有动词和名词词义,有惩戒、责罚、处罚之意。一般认为"惩罚"一词的出处是《魏书·西域传·于阗》:"其刑法,杀人者死,馀罪各随轻重惩罚。""惩罚"在古汉语中通常分开使用,"惩"一般有"警戒"之意,重在"征服人心",使其不敢再犯;"罚"有"处罚"之意,主要是借助一些使人不愉快的手段,处罚其过错行为。

《诗经·周颂·小毖》中有"其惩而毖后患","惩"指因受打击而引起警戒或不再干同样的事,"罚"有处分责罚之意。

《简明古汉语词典》对"惩"字的解释是"戒止、警戒、责罚";而将"罚"解释为"处罚,惩办或出钱赎罪"。

在现代汉语中,"惩""罚"一般合并使用,主要说明惩罚的目的、对象、手段等。如,《辞海》对"惩罚"一词的解释是:"惩罚即惩戒,惩治过错,警戒将来"。这种解释突出了惩罚的目的。

《现代汉语大词典》中认为"惩罚"有两种含义:一指惩戒、责罚、处罚坏人;二指施加鞭打或体罚以使之服从、受辱或以苦行赎罪。前者对"惩罚"的解释属于广义上的界定,突出惩罚的对象,其责罚对象是"坏人",而"坏人"所指较为模糊,因为不同的群体对其有不同的解释;后者属于狭义的界定,认为惩罚是一种手段,目的是以身体上的痛楚来服从一定的规则,该解释把惩罚等同于体罚,失之偏颇。

我国还从法学角度对惩罚进行界定,如《法学大辞典》认为,"惩罚是国家机关对违反国家法律、法令及国家机关、企事业单位依照国家法律制定的规章制度的行为人的制裁。"

国外对"惩罚"的相关界定多从法律角度出发,认为惩罚是保障社会稳定的手段之一。惩罚的英译是"punishment",《不列颠百科全书.国际中文版》中对"punishment"的解释是:"对一个有触犯法律或者命令的犯罪行为的人所施加的某种痛苦或者损失。刑罚有多种形式,包括从死刑、鞭笞、断肢、监禁、罚金等"。

《牛津法律大辞典》认为,"惩罚指享有合法惩罚权的人使他人遭受某中痛苦、折磨、损失、资格丧失或其他损害。"适用惩罚必须经合法授权,否则就构成侵权或者犯罪。在现代社会中,惩罚一般限于作为某种违犯刑法行为的后果。一般来说,一个人不得以违反刑法为由而对另一个人适用惩罚。

《新牛津英语词典》对"punishment"的定义是"作为报应而对违法行为施加的刑罚"。上述概念虽然阐明了惩罚的目的、对象,指出惩罚是对违反规则的报应,但仍然不很清晰。假设以 M 代表人,x 代表犯错的内容,P 代表惩罚,y 代表惩罚的内容,当且仅当我们有理由判定 Py 确实对于 Mx 是公正的,符合标准的,那么对 Mx 执行 Py 是合法的。这时我们需要追问惩罚的目的到底为何,仅仅作为报应吗? 什么样的标准才是恰切的,其依据何在? 这些标准该由谁规定? 另外,谁有权对 Mx 执行 Py? 上述很多解释明显的缺陷在于缺少主语,发出"惩罚"行为的主体是谁? 没有弄清这些问题,对"惩罚"的应用必将产生混乱。

基于此,我们认为对惩罚的定义应涵盖五个基本要素:惩罚者,受罚者,惩罚标准,惩罚内容,惩罚目的。

三、教育惩罚

"教育惩罚"是"惩罚"的下位概念。"惩罚"在教育学意义上的界定具有特殊性,"教育"一词为"惩罚"设置了具体情境,并赋予"惩罚"教育性。作为教育领域中的惩罚与其他领域中的不同,它在实施时要遵循教育规律,这是认识教育惩罚首先要明确的问题。

目前关于教育惩罚内涵的探讨较多,多数研究者认为教育惩罚是教育的一种辅助手段,其目的是帮助学生成长,我们认为是合理的。狭义的教育惩罚是指教师对学生的不良行为给予的否定或批评处分,它是通过有意义的痛苦体验,使学生认识到过错,从而终止其错误行为,它"与奖励相对,为学校德育采取的一种教育方法,有利于学生分辨是非善恶、削弱受罚行为动机、达到改正错误的目的,也有利于维护校规校纪"。

四、体罚

体罚是诉诸身体的处罚,它是惩罚的一种方式,与惩罚是从属关系。

目前对"体罚"的定义多从教育角度出发。由于在教育领域中实施体罚的对象通常为未成年人,有其特殊性,加之未成年人的权益保护问题日益成为关注的焦点,使得"体罚"备受人们关注,对其定义的也相对较多。如,"体罚是以损伤人体为手段的处罚方法,古代教育中经常使用。"

《礼记·学记》提出"夏楚二物,收其威也。""体罚指以损伤人体、侮辱人格为手段的处罚方法。""体罚是指用直接殴打的方式来处罚未成年学生和儿童的错误的行为。"此外,体罚又衍生出"变相体罚",《教育管理辞典》对变相体罚的解释是:"教师对学生进行肉体惩罚的间接方式。主要表现是罚站、强迫学生写字、背书、不让学生按时吃饭、回家等"。

上述定义有两个特点:一是都指出体罚是一种伤害人身体的惩罚方式。二是都没说明体罚在教育过程中的作用。相关文献中有很多定义暗含着杜绝体罚的价值取向,一般一提到体罚,就视其为贬义词,大多持反对态度,其背后的原因很复杂。

目前很多定义较为模糊,体罚到底包括哪些形式?是直接打人身体呢?还是广义上的使肉体或心灵痛苦的方式?由于学校中由体罚而引发心理健康问题的案例很多,一时间体罚成了众矢之的。

相关法律提出"禁止体罚和变相体罚",但并未做出明确界定,更没有现实可行的操作标准,使许多人的认识非常模糊,人们对"体罚"口诛笔伐,甚至泛化到教育惩罚(狭义),很多人将其等同于体罚,并加以排斥。

事实上,从概念上辨析,二者不能等同,但却有交叉点。教育惩罚的方式很多种,"体罚"为其中的一种方式,但体罚又不全属于教育惩罚,假设以 C 代表体罚,以 E 代表教育惩罚,那么,$C \cap E \in E$,而什么样的体罚才是教育惩罚?其中涉及教育惩罚的张力与限度等问题,需要我们做进一步讨论。

第三节　教育惩罚价值的追问

　　杜威认为"目的作为一个预见的结局,活动就有了方向;这种目的,不是一个单纯旁观者的毫无根据的期望,而是影响着为达到结局所争取的各个步骤。"对于教育惩罚价值的追问,即是对教育惩罚目的的追问,实际上是在寻求刺激教师选择合理惩罚方式的动力。

　　杜威说:"预见一个行动的终点,就是有一个进行观察、选择以及处理对象和调动我们自己能力的基础。"当教师真正明白了教育惩罚的本真目的,他们就不太可能随意地、机械地选择惩罚方式。目的的重要性为教师提供了调动自己能力的动机,有了目的,教师才会综合考虑多种因素,审慎地对惩罚方式做出选择,考虑得越充分,就越有可能做出合目的的选择。

　　当教师以可能的惩罚方式去达到惩罚本真目的时,教师就是一个行动者。赵汀阳认为,"在目的论中,行动与行为是有区别的:一个活动,如果它表现为以可能的方式去达到某种结果时,就是行动;而如果表现为被允许的方式去行动,则是行为。"杜威说,"行动有两个原则,一个是质量原则,它要求的是合目的性;一个是自足原则,行动的意义在'为自己而做',或者说'做给自己看'。"可见,行动者是一个自由者,为了达成目的,他(她)会尽力把事情做好。

　　关于教育惩罚价值的追问,我们旨在希望教师成为一个行动者,而不是一个被各种规范束缚了的行为者。那么,教育惩罚的本真价值是什么? 关于这个问题的思考,只有回归到教育本身才能找到合理的依据。

教育惩罚是教育的一个辅助手段,追问其价值,实质上是在追问教育的终极目的。关于教育目的,杜威认为教育自身以外没有目的,它就是它自己的目的。在杜威看来,教育的过程是一个不断改组、改造和转化的积极发展的过程,教育的目的就存在于教育的这个过程之中,因此他反对给教育强加外在目的。他认为外在目的无益于具体的教学任务,并且阻碍教师应用平常的判断去估量所面临的情境。外在目的使得教师和学生的智慧都不能自由,他们的工作最后只会变成机械的、奴隶性的工作。杜威的观点对我们的教育实践仍具有重要的现实意义。教育是不能被外在目的"硬性规定"的,"人需要按照人性的需要去接受教育,而不是简单地按照社会制度、规范和各种外在的标准去接受教育"。教育只有摆脱外在目的的束缚,摆脱某个既定的必然性,将"教育的目光回到人身上"时,教育才有价值,"人"是追问教育终极目的出发点。

赵汀阳说:"人的生命就是用来实现'生活'的,生活才是关于人的存在的有效分析单位"。而"教育是生活的需要",教育之所以存在是为了人的生活。"教育是为了生活",这个命题是不能加以论证的,它就是最后的命题,因为如果再追问下去,它就有可能被"课题化"。

追求幸福是每个人生活的动力,教育就是为了人更幸福地生活才存在的,如果不是为了幸福生活,那么它就没有存在的理由,这也无须加以论证的。既然教育的终极目的是人的幸福生活,那么教育惩罚的本真价值也必然指向学生的幸福生活。当教师站在这样的高度去思考教育惩罚时,他(她)才能意识到自己所肩负的使命。

第七章　小学场域中惩罚的现状及深层原因探析

第一节　实践样本选择

本研究选取兰州市 A 小学为主要样本。A 小学是兰州市城关区的一所编制内小学,"城关区是兰州市的中心城区,也是兰州市经济文化最发达的城区,总人口近百万。该区有编制内小学 66 所,是国家级课程改革实验区之一,基础教育发展水平在兰州一直处于前列。"A 小学虽然占地面积不大,但教学设施完备,专用教室开设齐全,并拥有一支专业化水平较高的教师队伍,有省、市、区级教学骨干 10 多人,新秀 20 多人。教师在各级各类课堂教学竞赛中,有 16 人先后获全国一、二、三等奖,近 30 人获省市区级奖励,在论文、案例、课件等评比中,近40 人获奖 300 余项。在全校教师的齐心协力下,学校也获得了诸多奖项。

学校特别重视师资队伍建设,注重教研组活动的开展。从整体上看,A 小学是一所较好的学校,在当地享有不错的声誉。选取这样一所学校作为主要样本,一方面缘于我们导师长期与该小学结成密切的伙伴关系,这给我深入学校调研带来了很大便利。

另一方面,A 小学的教育教学质量在兰州市算是处于较高水平,然而就是在这样的好学校里,我却常常见到学生或被挨打或被挨骂的场景,我认为将该所小学作为重点的研究对象,其研究结果很值得深思。

另外,本研究还选取 B、C、D 三所农村小学作为次要样本。B 小学位于兰州市的"城中村",C 小学位于兰州市边缘的某个农村,D 小学位于离兰州市较远的某个偏僻的农村。这三所学校的硬件配备、师资力量都相对薄弱,尤其 D 小学的办学条件更为简陋。

由于工业化城市化的发展,农村人口的谋生方式不再仅仅是"日出而作,日落而息"的务农生产,越来越多的农民外出打工,较多的学龄儿童跟随父母到外地就读,导致农村"生源荒"现象严重。昔日热闹非凡、规模宏大的村小,如今生源越来越少,村小办学规模也越来越小,几十人,甚至几人一校的小规模办学普遍存在。我选择的 B 小学的学生只有一百多人,C 小学的学生不足百人,D 小学的学生只有二十多人。本研究只将次要样本作为某些论述的补充。

第二节　研究过程

2012 年 9 月上旬的一个下午,我和同门同学一起前往 A 小学。到学校时已近 3 点,校门是关闭的。门卫询问了情况,给校长打了电话,并让我们做好登记后,才让进入。

这是一所"袖珍型"的小学,学校的操场很小,用塑胶铺成,踩在上面软绵绵的。操场可能是刚拖洗过的,随处能见到水渍,看起来倒不是十分干净。操场上有个主席台,有个学生不知犯了什么错在那里罚站。

当我们准备上楼见校长时,我听到有人在大声训斥,回头一看,见有位老师一边呵斥那位被罚站的学生,一边拧着他的耳朵,"恶狠狠"地把他从主席台上拽下来。那位老师见我在看他,有点不好意思。当时我是很诧异的,也想了很多(见"研究缘起")。校长在办公室里热情地接待了我们,并为我们引荐了教导处主任 D 老师。

D 老师首先把学校的基本情况给我们做了简单介绍,并为我们各安排了一个班级"实习"。我被安排在 5 年级某班当副班主任(每个班都有副班主任了,我们只能算是副班主任的助手)。由于学校的办公室紧缺,我们就被"安插"到不同的办公室。我所在的办公室是总务处主任 Z 老师的,当她听说我是某导师的学生时,一脸兴奋地说:"我们都认识你们导师的,他给我们做过讲座,太棒了"。Z 老师待人很亲切,有什么问题问她,她都不厌其烦地告诉我,整个"实习"期间,她给予了我很大的帮助。

当我第一次走进"实习"班级时,正班主任 W 老师很正式地把我介绍给她的学生,跟他们说以后我就是他们班的副班主任了,班上的所有活动我都会参加。正是 W 老师的隆重介绍和大力支持,我很顺利地融入了这个班集体。我常常"泡"在班级里,与学生一起早读、出操、集会、放学排路队等,渐渐地与学生熟悉起来,似乎也真的成为他们中的一员了。学生生活上有什么摩擦常常找我帮忙解决,有些学生学习上遇到困难也愿意和我倾诉,甚至有些学生对哪位老师不满,也会悄悄地告诉我。

我的"出现"似乎没有给学生们造成打扰,反而多了一个可以倾诉的对象,而且也让他们少挨了些批评(学生私下里跟我说,自从我来校后老师们的批评也少了些)。但是我的到来多多少少给老师们造成不便,W 老师和副班主任 X 老师都表示很愿意我去听她们的课,尽管如此,我还是觉得打扰到她们了,让她们的心里多少有点压力。

一次 W 老师讲完课,跟我说她那节课由于时间没掌握好,没有按时讲完让我见笑了。我很诚恳地跟她说我是来学校实习的,她的课让我学到很多(为了让老师们没有心理压力,我一直和他们说是来学校"实习"的),但我的心里总觉得很抱歉,她一边那么忙碌地工作,一边还要忍受我不停地打扰。

X 老师的课我也听了很多节,我能感觉到 X 老师每节课都是很精心设计的,也许她的课一直都这么好,是我多想了,但如果没有我的"闯入",她们的工作应该都会轻松一些。

为了表示感谢,我常常主动帮她们做很多事,比如帮 W 老师批改作业(她的办公桌前每天都有堆积如山的作业),帮 X 老师监督学生做卫生(X 老师是副班主任,这是她的职责之一),等等。其他老师的课我也听了很多,学校每周都有公开课,只要有时间我都积极地去听。至于常态课,很多老师是不太愿意的,有些老师是在我们给予了很多帮助后,才勉强答应的。当然,也有老师表示欢迎,并希望给他们提一些意见和建议。

当我把自己当作一个"局内人"融入学校时,我发现了一些在我看来很值得商榷的事情,比如前面提到的"惩罚"场景,在"实习"期间这种场景已司空见惯。又比如,我帮 W 老师批改的作业,最初的批改符号是不符合学校要求的,第一次被告知"√"的斜线及"×"的两条斜线部分太长了,第二次被告知太短了,在 W 老师的细心指导下,我终于改得"像样"了,并把分数、日期统一标在右下角(W 老师说这是学校的统一要求),学校中的这类要求是不是都是合理的,我认为还值得做进一步思考。

经过一段时间的全身心投入,我越来越发觉 A 小学在教育教学中存在着一些值得注意的问题,在我看来,最明显的问题就是教师惩罚学生的方式。刚开始有些老师见我在场,打骂学生会有所顾虑,熟悉了以后,有些老师也不再回避,我常常看到有部分老师一遇到学生犯错就"情绪失控"。

由于在学校见到的惩罚事件多了,加上新闻媒体不时地报道"恶性体罚"事件,那段时间我回到学校与同学谈论最多的就是有关教育惩罚的话题。经过种种的交流与思考后(见"研究缘起"部分),我最终决定研究"小学日常生活中的教育惩罚"。

9月下旬,我开始逐步实施自己的研究计划。首先,开始广泛查阅相关资料,反复思考教育惩罚的合理性问题。其次,根据平时的观察和交流,我开始着手编写访谈提纲和调查问卷(对象主要包括教师与学生)。第三,除了以"局内人"的身份深入研究外,有时我也会有意"脱离"实习班级,以"局外人"的身份去多方了解其他班级的情况及整个学校的日常运作。另外,我还设计了观察提纲(详见"研究方法"中的"观察法")。就这样,我的研究开始有计划地展开。

由于研究的主题有点敏感,对教师和行政管理人员的访谈,我通常以"闲聊"的方式小心地进行。对学生的访谈则相对比较"随意",没有特定的访谈对象,我的计划是每次去学校至少随机访谈5名学生。另外,我会对"惩罚事件"中的学生进行深度访谈,了解他们受罚后的内心感受,并访谈部分"目击者",了解他们对"惩罚事件"的看法。

通过大量地访谈和观察,并对问卷进行反复修改完善后,我采取整群随机抽样的方法进行问卷调查,考虑到一、二年级学生年龄较小,对问卷内容不能理解,我分别从三至六年级随机抽取一个班,共发放问卷 213 份,回收有效问卷 212 份(其中一名学生问卷没填完整)。

对于教师的问卷,除了分发给实习班级的任课老师以及几个关系较好的老师填写外,其他老师的问卷还多亏了 K 老师的帮忙,K 老师是该校的名师,她一直非常支持我的研究,也深知我的难处,所以当我小心翼翼地敲开她办公室门(她有独立的办公室)说明来意后,她二话不说帮我分发了 25 份问卷。就这样,在 K 老师的帮助下,教师的问卷发放的比较顺利,共发了 41 份。问卷调查让我对学校的基本情况有了一个较全面的了解。另外,针对问卷中的描述,我又深入班级详细了解情况(在问卷上我要求学生填写年级)。

除了观察、访谈、问卷调查外,我还通过拍照收集所有与教育惩罚有关的文字、图片、物品等,如学生的微日记、教室里的教鞭等,并对这些实物进行分析。对 A 小学的研究,我从 2012 年 9 月持续到 2012 年 12 月近三个月的时间。

对于 B、C、D 这三所农村小学,由于时间、精力等各方面的原因,我不能像 A 小学那样深入地了解。B、C 小学是我两位同学的朋友所在的学校,他们都是学校里的老师。关于这两所学校的信息,我主要通过分发问卷的方式,以及与同学的朋友进行深入的交流与讨论后获取的。对于 D 小学,它处在一个偏远的农村,我到该所学校,缘于协助师兄做一个项目的调研,在完成调研之余,与该校的校长、老师"闲聊"了有关教育惩罚的问题,并留了一个老师的 QQ,常与她在 QQ 上交流、讨论惩罚问题,通过她,我了解了该校较多的关于教育惩罚方式的信息。

另外,2013 年 9 月,我又设计了一套学生问卷,目的是想了解教师的哪种惩罚方式对学生有帮助及学生对教师的哪种惩罚方式比较满意。我对 A、B、C 三所小学都分发了问卷。

第三节　研究发现

2012 年 9 月至 12 月,我深入 A 小学现场,通过观察记录、个别访谈、实物分析、问卷调查等方法,收集到了大量有关教育惩罚的事件和教师使用惩罚方式及其效果的信息。以下是我对该小学教育惩罚的研究。

一、惩罚方式生硬

为了解学校中惩罚的类型,我在问卷中设计了:"当你犯错的时候,老师一般是怎么惩罚你的?"一题。根据调查结果及平时的观察、访谈,我将该小学的惩罚方式大致分为以下 5 种类型:一般性惩罚、代偿式惩罚、剥夺式惩罚、施加性惩罚和心理惩罚。对于这 5 种形式的惩罚,本研究有特殊的界定。

(一)一般性惩罚

一般性惩罚是指教师对学生的不良行为给予的否定性评价,主要有直接评价和间接评价两种。直接评价是指,教师对学生不良行为直接地言语批评。如有的学生在课堂做小动作,老师说:"××同学,上课的时候不要做小动作。"间接评价是指教师对学生错误行为间接地提醒,这种方式比较委婉,当学生不遵守纪律或不认真听讲时,主要以眼神、手势等提醒学生注意。如有些老师没有指明哪个学生,而是在班上说:"你们的一举一动,老师都看在眼里,有个别学生这会儿不够认真,老师相信他们很快就会改正。"说完将目光转向开小差的学生。还有些老师对走神的学生,故意以提问的方式提醒他们注意。

该小学的一般性惩罚主要有:言语批评,眼神、手势等提醒,提问等方式。问卷调查结果见图 7-1。根据平时的观察,一般性惩罚在 A 该小学中较为常见,且较多学生受到过此类惩罚。

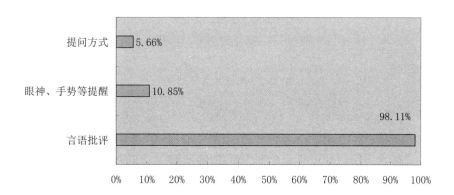

图 7-1　一般性惩罚情况

(二)代偿式惩罚方式

代偿式惩罚方式主要是指增加额外的课业负担或其他工作来作为惩罚措施。据了解,该校代偿式惩罚形式主要有:①罚卫生,罚扫时间视情况而定,一般是 1~2 天,严重的 1 周到 1 个月不等;②罚抄写,一般抄写作业、作文或课文,通常 3~100 遍,惩罚遍数带有随意性,没有规律可循。有时还因为个别学生犯错,全班一起受罚;③罚读课文,一般读 5~10 遍,有的还要求读到会背诵为止;④罚俯卧撑,通常做 100~200 下;⑤罚蹲马步,通常为一节课;⑥罚跑步,20~100 圈;⑦罚伸蹲 100~200 个;⑧写保证书或写检讨;等等。研究结果参见图 7-2。

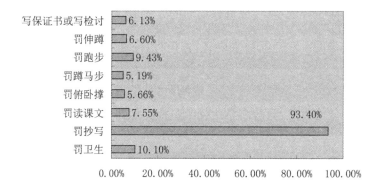

图 7-2 代偿式惩罚情况

(三)剥夺式惩罚

剥夺式惩罚是指减少或剥夺学生想要的东西或应该得到的东西或机会。这种惩罚方式主要有:①罚站,站在教室前面或后面,或站到办公室;②罚出教室,不让听课;③留堂,剥夺参加课外活动的机会,坐在教室里反思或补作业等;⑤扣留书包,不许背书包,作业只能手拿回家;⑥撤职,撤掉班干部职位。具体情况见图7-3。

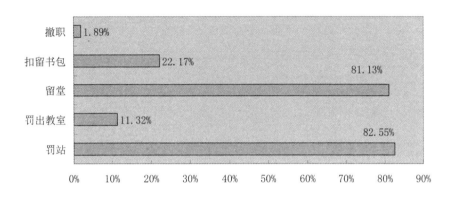

图7-3　剥夺式惩罚情况

(四)施加性惩罚

我们将施加性惩罚界定为,教师直接用手、脚或其他器具直接加之于学生身体,使学生的身体感到疼痛,以此对学生的不良行为进行强制性纠正,即通常所指的体罚。该校施加性惩罚的形式主要有:①打头;②揪头发;③揪耳朵;④打背;⑤打嘴巴;⑥打手心;⑦打屁股;⑧打腿;⑨推倒;⑩拽着红领巾使劲摇身子。教师除了用手、脚打学生外,采用的器具有:木棍、竹棍、木尺子、铁尺子、粉笔头、书本、扫把、篮球等。调查结果见图7-4。

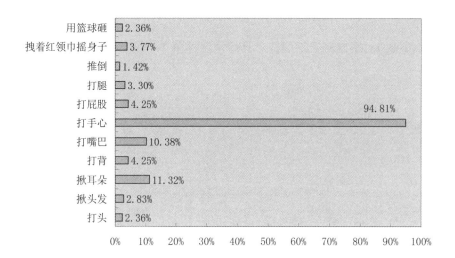

图 7-4　施加性惩罚情况

(五)心理惩罚

　　本研究的心理惩罚是指教师对学生心理的惩罚,这种惩罚方式,通常会让学生感到不安、害羞甚至刺伤学生的自尊心,损伤他们的自信心。心理惩罚有着多种表现形式:①责骂,通常说些难听的话,如"笨死了,我要是你家长,踹死你算了","教你这样的学生,我真是倒了八辈子霉"等;②撕东西,撕书、作业本等;③扔东西,扔书、作业本、笔盒、书包等;④孤立,不许让其他学生与他/她说话;⑤给家长打电话;⑥请家长来学校;⑦调换位置,通常坐到后排;⑧坐"特座"。有些教室在讲台前放了小凳子,不听话的学生就拿着书坐在"特座"上,直到表现好了,再坐回原位;⑨在全班面前揭短;⑩以退学威胁,比如,有些教师边拽着学生往校长办公室走去,边说:"我不要你这样的学生,现在就退学去"。这类惩罚的具体情况见图7-5。

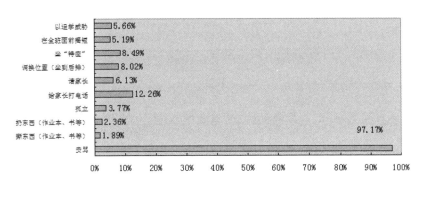

图7-5　心理惩罚情况

　　上述数据是从被调查的212名学生的描述中所做的统计。统计结果显示,目前学校中最常见的惩罚方式有:言语批评、罚抄写、留堂、罚站、打手心、责骂、扣留书包。

　　惩罚方式总体上比较生硬,虽然有些教师使用较为委婉的惩罚方式,如手势、眼神等提醒,但这种方式所占比例相对较小,平时与学生的"聊天"中也印证了这点。

二、惩罚的"经济价值"对教师智慧的遮蔽

　　根据观察,我发现有些教师对犯错学生的处理很没耐心,他们更看重的是惩罚的"经济价值",即哪种方式用起来方便快捷、经济实用,就用哪种方法。至于能否达到教育效果,一般不太考虑,更不会思考怎样才能"智慧"地惩罚学生。有些教师也很无奈地表示,如果有足够的时间和精力,他们也愿意好好地教育学生。到底是什么捆绑住了教

师的手脚?

（一）工作繁忙

教师的工作普遍较为繁忙琐碎。该校共有 1 166 个学生，21 个班级，平均每个班级约 56 个学生。学校每月都会围绕班队会主题开展各种各样的活动，如经典诵读、防空演习、纸模比赛、书信比赛等。

教师既要备课、上课，批改堆积如山的作业，又要应对各种各样的活动，尤其是所谓的"四课"评比让教师倍感焦虑。"四课"指：推门课（事前不通知）、随堂课（当天通知）、实践课（自主申报，统筹安排）、公开课（统一组织，集体评价）。学校组织"四课"评比的目的是规范教师的教学行为，但却无形中给教师造成了心理压力。语、数、英教师还要应付每两周一次的作业检查，学校既要检查教师的批改次数，又要检查教师批改得认不认真，有没有使用统一的批改符号，"√"的斜线及"×"的两条斜线部分都不能太长或太短，分数、日期统一标在右下脚，否则影响美观，是要提出批评的。

另外，学校将校本教研作为内在发展的重要途径，为加强教研组建设，坚持教研例会制度，将数学教研组活动定为每单周二下午，每双周二下午为集体备课时间；语文教研组活动定为每单周三下午，每双周三下午为集体备课时间；综合教研组活动为每周二下午两节课后。

此外，学校为促进学生整体的均衡发展，开展学困帮辅工作，每周一、周三下午，周二、周四下午，分别由语、数教师对学困生进行辅导。除此以外，所有的教师都要接受学校的综合考评，学校会定期或不定期地对教师的备课、早读、候课、上课、辅导、课后反思等环节的工作进行检查、分析、评价,这直接与教师的利益挂钩,谁也不敢马虎应付。而学校中班主任的工作更加琐碎,除了教学任务外,还要兼顾学生的生活问题、安全问题等,并配合学校开展各样活动。虽然学校为每个班级安排了一个副班主任,但主要负责班级的卫生问题。班级里其他大大小小的事情,还是要由"正班主任"解决。正班主任虽然只带一个班,但工作并不轻松。其他任课教师通常带两个以上班级,"副课"教师跨年级带三四个班级的情况并不少见,有些"副课"教师还要担任学校的行政职务。

此外,学校里常有几个教师请假,其教学工作自然就要落到其他教师肩上,这使得他们的工作变得更加繁忙。办公室里常能看到这样的场景:堆满了各种各样的作业本,只留下一小块地方。一些没有课的教师正在埋头苦批作业。据了解绝大部分的语数教师,批改作业时间在两个小时以上,这么多的作业,教师一般都在学校批改完。

(二)评价问题

在小学场域中,班级纪律的好坏直接体现的是班主任的管理能力。每一个"好"班级背后都有一个非常"厉害"的班主任。"好"班主任都是那些能"镇得住"学生的教师。

其实,何止是班主任,学校里的每一位教师都墨守一个信条:如果不给学生点"颜色"看看,教学秩序是很难保证的。如果哪位教师的课堂是乱哄哄的,教师在面子上是过不去的,学生、家长都会怀疑其能力,其他同事也会对他/她私下里进行评价。

　　鉴于舆论的压力,教师只得让自己"凶"起来,没有一个教师会愿意让人说成是很"无能"的。与教师的"闲聊"中,他们还会提到学校的考评问题。"课堂纪律""学生成绩"是考评的重点,直接体现教师工作业绩的好坏,尤其是学生的成绩,更是重中之重。成绩会影响教师个人在学生、教师群体乃至家长心目中的地位。学生成绩差,教师所有的努力都会被忽略。成绩还会影响学校的声望及其在区里的地位。学校有压力,使得每个教师都面临着压力,学校要成为"好学校","好学校"必须要有"好教师"。"好教师"至少要具备三个条件:课上得好,课堂纪律好,学生成绩好。这样的"好教师"标准不是轻而易举就能做到的,教师必须要下一番苦功才有望达到。为此学校设置了各种奖项鼓励"好教师"的产生。比如,学校为加强教师的竞赛意识,鼓励教师积极参与教育行政部门组织的教育教学评比活动,学校每月还组织一项青年教师教学基本功评比活动,鼓励教师强化专业技能。

　　另外,学校每学期举行一次教育教学展示暨校园开放日活动(结合常规活动进行),接受家长的检阅。评价问题与利益紧密关联,关涉到声望、加薪、升职等问题,就这样,学校变成了一个利益场。表面上教师只要做好分内的事就好,似乎没人会干涉你,然而教师却被一种无形的力量控制住,无法自拔。

　　由此可知,小学教师的工作并不轻松,压力较大。"课堂纪律""学生成绩"直指教师的"能力"问题。这就像给每位教师上了"魔咒",教师们也表示不愿意"体罚"学生,但为了"好纪律""好成绩",其实,还有他们不太好意思说的"有能力",使得他们不得已而为之。对业绩的焦虑,加上工作的繁忙,使得很多教师变得很没耐心,也渐渐变得没有"智慧",他们更追求的是惩罚的"经济价值"。

"恐吓"对于很多教师来说,是个法宝,尤其对低年级的学生特别管用。比如,"你再说话就缝上你的嘴巴""再捣乱把你家长叫来""以后再做错题,就别来上学了!"等。这些话能震慑住学生,效果立竿见影,不必浪费太多时间。"恐吓"不行的,就狠狠地打他/她几次,有的学生反映被老师打了20下手心,下手很重,手都被打流血了,痛了好几天,教室里的教鞭经常是被打烂的(见图7-6)。对学生越"凶",学生越害怕,也慢慢会变得"规矩"。至于耐心做好学生的思想工作,既费时又费力,平均每班56个学生,班额那么大,班上只要有五六个不听话的学生,就足够让教师焦头烂额。

图7-6　被打烂的教鞭　　　　图7-7　在办公室里罚站的学生

另外,上课时间有限,使得很多教师在课堂上只能简单粗暴地处理学生问题。下课后,他们也没有太多时间和精力,只能或罚他们抄作业,或叫到办公室罚站(见图7-7),或再次大声训斥、揪耳朵、打手心等,然后草草结束。有些教师还要准备下一堂课或处理其他的事,对那些"捣蛋"的学生也来不及处理,最后很可能不了了之。只要"体罚"不太"出格",学校也会睁一只眼闭一只眼。在学校的默许下,课堂里、办公室里天天演绎着"训斥""谩骂""打手心""罚站"等惩罚学生的现象。谁会在乎"惩罚"要有艺术,谁还会去思考这样的惩罚对学生有没有教育效果?本来惩罚学生可以有很多种合理的方式,教育好学生有无限的可能,而"体罚"的"经济价值"具有很大的宰制功能,遮蔽了教师们的智慧。在一些教师眼里,惩罚只剩下了一种方式——体罚,只要一有学生犯错,不加考虑,就挥起教鞭。

三、惩罚适用范围的泛化

(一)学习层面

学生在学习上被罚,最常见的是作业问题。不管是不是真的忘记带作业本,只要没有作业就必将受惩。此外,其他非纸质作业,如背课文、概念或公式等,没有按要求做的,一律都要被罚。

教师使用的惩罚方式主要有以下几种,一是言语惩罚。如训斥,谩骂;二是体罚,如揪耳朵、打手心、罚站等;三是剥夺上课机会。或被叫到办公室,或叫到办公室外的窗台前站着补作业、抄课文(见图

7-8);四是放学后留校或扣留书包。

图7-8　学生趴在办公室外的窗台上抄写　　图7-9　学生的微日记

　　另外,如果屡教不改的,给家长打电话。对于没做好作业的学生,有些教师统统将其视为态度不认真。主要罚他们抄作业,或抄课文。有学生因为两道题不懂得怎么做空在那里,老师很生气,罚他抄10遍作业。有三个学生因为概念背不熟,结果被老师狠狠地打了10下手心,还株连到全班一起被罚抄概念。一些学生在他们的微日记中记录了此事(见图7-9)。这种因为作业方面的问题被罚的事例很多,不一一列举。此外,一些学生还因为在课堂上回答不上问题、考试作弊、成绩没考好等原因被教师训斥、罚站、罚抄课文或写检讨等。

(二)规范层面

1.日常生活常规

　　学校日常生活中有很多的规范和禁忌。学生不得迟到、旷课,衣着要整洁,不得穿奇装异服,不赤脚,不穿脱鞋等。进校后,自觉保持校园清洁,不吃零食,不随地吐痰、乱扔垃圾,中途不得无故外出(学校

的大门只有上学和放学时才打开)。放学后要及时整队回家,除了值
日生和几个被教师留下的学生,所有学生不能借故不排路队。

　　另外,学生在出操、集会时都应遵守纪律,各班要快速整队,按指
定线路到达指定地点,上下楼梯时应有秩序,统一靠右走,不准推撞、
喧哗。学校根据这些规定,安排各班学生轮流值周,每层的楼道口都
有学生值班,检查是否佩戴红领巾,有没有穿拖鞋、吃东西或在楼梯上
打闹。一经发现,就对该班扣分,每个 0.1 分。

　　另外,值周学生还要检查各班做操(两操:体操和眼保健操)的情
况,对不认真做的班级进行扣分。到周五统计,得分高的就被评选为
优秀班级,每周一在升旗仪式上公布,优秀班级能获得流动红旗,这是
班级的荣耀。违规的学生,不可避免地要受到责罚,"训斥""打手心"
"罚站""抄课文"等都是教师常用的手段(见图 7-10)。有些教师为
了让他们改正错误,要求其他的学生都不与之交往,排斥、孤立犯错误
的学生。

图 7-10　不认真做操的学生被老师罚站和训斥

2. 课堂常规

我随堂听了该校多节课,以下是我摘选三年级某班的课堂观察记录。

一堂语文课

(三年级某班)上课铃响,D 老师走进教室,快步走上讲台,班上马上安静下来。D 老师一脸严肃地说:"起立!",全班同学迅速站了起来,"同学们好!""老师好!""请坐!",上课仪式结束后,D 老师开始板书。这是一节新课,讲《奇怪的大石头》。D 老师提问:"谁认为这是一块奇怪的大石头?",学生迅速地举起手来,有个别学生把手举得高高的,不停地说:"老师,我来,我来……",还有的学生脱口而出,不住地说"李四光,李四光……"D 老师生气地说:"闭嘴,谁让你们没举手就回答问题的?"然后环视了一下班级,说:"L 手举得很标准,坐得端端的,我就请 L 回答问题。"没有叫到的学生显然有点失望地把手放下。接着 D 老师又提问:"谁对李四光了解得比较多? 要举好手,我才让他回答!"这回学生规矩了些,不过还是有学生把手举得高高的,怕老师没看到,特别是坐在我附近的 S 同学,他都快站起来了,高举着手,说:"老师,我会,我会……"。D 老师瞥了他一眼,训斥:"你怎么老这样,说了多少回了,回答问题要举好手的!"然后叫了几个表现好的学生回答。后来 D 老师又提了几个问题,S 同学还是那么活跃,每次只要老师一提问,他总是把手举得高高的,不过 D 老师一次都没叫他。后来,他很遗憾地把手放下,玩起了橡皮擦。D老师发现了,狠狠地瞪了他一眼,叫他到教室前面站着。班级里总有一些骚动和噪音,特别是D老师写板书时,说话声音就更大了,她生气地转过身警告,"刚才谁在说话?""他,他……""老师刚才他在说话",学生胡乱指了几个同学,其实很多学生在讲话,做小动作。"再说话,小心我用胶布封住他/她的嘴!"安静了片刻,教室里又传出嗡嗡的声音。D老师的眉头皱得更紧了,语气越加严厉,"谁再说话,给我出去!",然后很生气地拿着教鞭,在几个爱说话的学生身上敲打。……(节选自我的"进入小学现场"日记)

　　这是一次课堂观察,如果以效率来审视这堂课,这是一堂极为低效的课,不仅学生的问题行为较多,D老师的教育方式也存在着明显的问题。D老师在维持课堂纪律时,主要用言语警告和行动制止的方式。在生气的言语中甚至带有威胁性,如"谁再说话,小心我用胶布封住他/她的嘴!""再讲话,就给我出去!"还喜欢翻旧账,如"你怎么老这样,说了多少回了,回答问题要举好手的!"警告无效后,D老师拿着教鞭在不听话的学生身上敲打。在我的观察中,这样的课堂并非特例,有的老师因为学生上课说话影响到讲课,就罚学生坐到"特座"上,一个女生被罚坐了好几天(图7-11),还有的学生被老师赶出课堂,在教室外罚站(见图7-12,图7-13)。

图 7-11　坐在"特座"上的学生

图 7-12　被赶出教室的学生　　　　图 7-13　被赶出教室的学生

夸美纽斯认为,"严格的纪律不应当在跟学习或文术练习有关的事情方面","只有对道德方面的过失才能采用一种比较严格的纪律",很多研究者也认为只有在学生的道德出了问题时才适合采用惩罚措施,对于这个观点是否完全合理,暂不讨论。我们先来了解 A 小学的学生受罚的主要原因。我在问卷中设计了"你受过的惩罚大多是因为什么原因?"一题,具体情况见图 7-14。

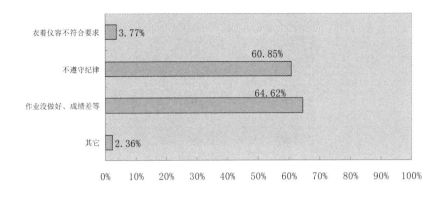

图 7-14 "你受过的惩罚大多是因为什么原因?"

　　分析上述教师惩罚学生的领域,我发现惩罚广泛存在于认知、个性等领域,大多学生受罚主要是由于不遵守纪律、作业没完成、成绩差等;有些学生仅仅只是在认知方面出现问题,比如学习基础差、学习方法不恰当、思想不成熟等;有些学生仅仅只是由于活泼好动,自制力比较差导致行为问题,他们需要的是教师的耐心引导。而思维固化常常造成教师不恰当的反应,这一错误根源于教师的武断和霸权。

　　访谈中,有位学生因为作业签字本上家长的签名太模糊,教师认为他模仿家长签名,尽管解释了原因,但仍被认定为说谎,罚抄 3 个单元的课文,共 15 篇,要求两天后上交。这种方式很容易使学生产生逆反心理,造成师生关系紧张。

　　如果学生只是迫于压力,勉强接受惩罚,很可能会因此产生强烈的对抗心理,形成消极的态度。这种态度如果因多次同样的惩罚而强化,就很有可能迁移到学习、生活领域,最终导致厌学。另外,有些问题行为,不纯粹由学生造成,如课堂中的问题,有些很可能是教师自身的教学不当造成的。

四、惩罚目的和手段的错位

教育惩罚的"本真"目的,是要使学生认识到自己所犯的错误,明辨是非善恶,从而改正错误,规范行为。但从访谈中,我发现较多学生对教师的惩罚抱怨不已,觉得他们罚得太重,不近人情,甚至有些学生表露出对某位教师的反感。以下我节选部分学生访谈。

生1:我最难忘的一次惩罚是,读二年级时,一次课间,我和同桌在比谁的尺子长,结果我不小心把他的尺子弄坏了,他哭了,我一直说对不起也不行,这时F老师(班主任)过来,很生气地叫我站起来,我说:"老师,我是不小心弄坏他的尺子的,我不是故意的。"F老师说:"错了就错了,不要解释,把手伸出来"。F老师打了我20板子,手都青了。回到家里,我还很伤心,偷偷哭了整整一个晚上。

生2:有一次,由于堵车我迟到了,一到教室就被老师狠狠地批评了,还打了我的手,我觉得老师这么做很不对,那时我真的很生气。我是堵车迟到了,我也不想迟到的呀!

上述教师的做法,很让人怀疑其惩罚目的是教育好学生。根据上述情况,我们在问卷中,设计了"你犯错时,老师惩罚你,你觉得有用吗?""你犯错时,老师惩罚你,你觉得老师是在关心你吗?"两题,具体情况见图 7-15 和图 7-16。

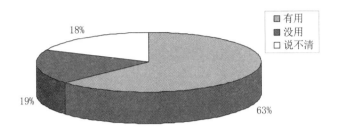

图 7-15　"你犯错时,老师惩罚你,你觉得有用吗?"

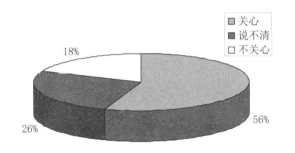

图 7-16　"你犯错时,老师惩罚你,你觉得老师是在关心你吗?"

　　上述数据显示,学生认为教师的惩罚能产生效果的 63%,没有效果的 19%,说不清有没有效果的占 18%,而对于教师的惩罚是否是在关心自己,56% 认为关心,18% 认为不是关心自己,26% 对于是否关心说不清。

　　我们分析问卷中的其他题目,发现认为教师的惩罚能产生效果的学生中,不排除有些是迫于教师的压力而改正错误,而 56% 的学生(觉得教师的惩罚是在关心自己),从他们的描述中,我们发现绝大部分对

教师的惩罚方式并不满意。从结果可以看出,该小学惩罚的教育效果
还不容乐观,我对学生的访谈也印证了这点。

　　我还设计了一题:"在你的记忆中,最难忘的惩罚是哪次? 为什么
会让你这么难忘?",很遗憾的是有98.5%的学生提及最难忘的一次惩
罚时,都是教师惩罚的过程及内心不好的感受,如图7-17、7-19学生
问卷上的描述。问卷中,很少有学生提到最难忘的惩罚是让他/她感
动或受益匪浅的一次惩罚。

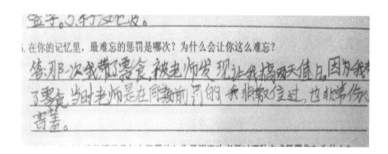

图7-17　学生问卷中的"最难忘的一次惩罚"

　　为进一步了解学生对惩罚的看法,我在问卷中,设计了"你最不喜
欢老师以哪种方式惩罚你,为什么?"统计结果显示,学生最不喜欢的
惩罚类型有:罚抄写、打手心、扣留书包、打头、罚站等,具体情况见图
7-18。

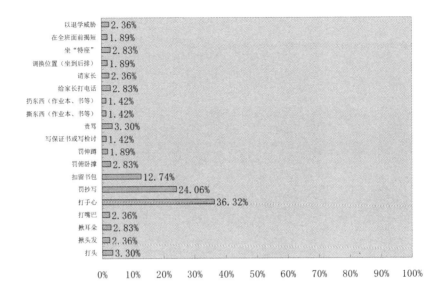

以退学威胁 2.36%
在全班面前揭短 1.89%
坐"特座" 2.83%
调换位置(坐到后排) 1.89%
请家长 2.36%
给家长打电话 2.83%
扔东西(作业本、书等) 1.42%
撕东西(作业本、书等) 1.42%
责骂 3.30%
写保证书或写检讨 1.42%
罚伸蹲 1.89%
罚俯卧撑 2.83%
扣留书包 12.74%
罚抄写 24.06%
打手心 36.32%
打嘴巴 2.36%
揪耳朵 2.83%
揪头发 2.36%
打头 3.30%

0%　10%　20%　30%　40%　50%　60%　70%　80%　90%　100%

图 7-18　学生最不喜欢的惩罚类型

图 7-18 的结果显示,排在前三位的是:打手心、罚抄写、扣留书包。根据学生的描述,他们觉得老师打手心时出手太重,特别疼,有时手都被打流血了。不喜欢罚抄写的原因是,被罚写的次数太多,有时要抄写到晚上 12 点,手都抄酸了。还有学生说,因为一道题不会做被罚抄 10 遍,老师又没讲解,即使罚抄 100 遍也是不会做的。扣留书包的后果是,回家会被父母揍骂一顿。其他被列为最不喜欢的主要原因有:觉得很丢脸或感觉被老师抛弃。

研究结果显示,教师对学生的惩罚效果不太理想,惩罚没有触及学生的心灵,很多学生只记住了惩罚的过程,对自己的错误没有清晰的认识。有的教师不是基于学生改过迁善的动机对其进行惩罚,而是凌驾于学生之上,强制、压服,不问青红皂白,"独断专行",根本不顾及学生的内心感受。

如,一个学生在问卷中描述她最难忘的惩罚是,一次数学考了95分,去领卷子时,S 老师恶狠狠地说:"也不知道你是怎么考出来的。"害得她都不敢考这么好了(该生平时数学不太好,一般都在 70~80 分之间,这次考好,主要是内容比较简单),见图 7-19。

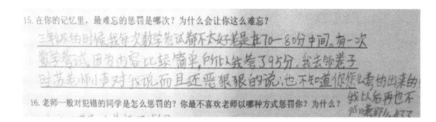

图 7-19　学生问卷中的"最难忘的一次惩罚"

又如图 7-20,根据该学生问卷上的描述,我又去该班做了一个详细的了解,学生反映某位教师简单题不会做打 5 下手心,中等题不会做打 3 下手心,上课回答不上问题也经常被训斥和罚站。另外,有学生反映有些教师的惩罚有失公平:对女生罚得轻,对男生罚得重;对"优生"罚得轻,而对"差生"罚得很重。这些惩罚不仅无效,还会变成师生心灵之间不可逾越的鸿沟。

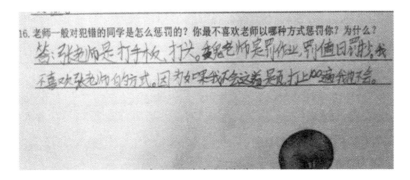

图 7-20　学生问卷中的"最不喜欢的惩罚"

第四节　学校中不当惩罚的深层原因探析

造成教师不当惩罚的现象有若干原因,前文已稍有提及,比如教师繁忙的工作,学校的评价问题等,此处将一步探讨其背后更深次层的原因。我尝试运用"知识社会学"的方法,探寻教师不当惩罚背后所隐伏的思想观念,是如何形成,又是怎样无声的和教育实践建立联系。

一、规训异化与自我迷失

现代社会科学技术的迅猛发展,激发了人们对效用的迷恋,人类的许多活动被技术标准所规范和引导,一定程度上压制了人的主体性,人丧失了自由和创造力,成为马尔库塞所说的"单向度的人",即"丧失对社会现实进行合理批判能力的人"。

福柯认为现代社会在本质上是一种规训的社会,"规训"的权力已深入社会的各个层面。这种权力的主要功能是"训练",训练人的被使用性和实用性,而不是挑选和征用。它是一种支配身体的微观权力,其目的是使人成为"工具人"。被规训的身体是一种温驯的、可以操纵的身体,它能够为某种权力运作积极效劳,因此,几乎每个机构和个人都受制于某种"规训机制"。

学校是一个典型的"规训"场所,可以说,全校师生都处于受规训状态。关于学校如何规训学生,不是此处探讨的重点。此处主要想讨论的是,学校对教师的"规训"是怎样进行的? 这样的规训,是否给教师教育方式的选择带来一些负面影响?

在 A 小学,新入职的教师都要经过学校的"规范化"培训,以使新教师加快对学校的熟悉,并尽快适应教学岗位的要求。另外,A 小学实行了"以老带新,结对帮扶"的活动,尽量做到"老教师"对"新教师"一对一地指导,以使新教师迅速地融入学校。就这样,学校完成了对新教师的初步规训。

学校为教师准备了一整套的规章制度,比如,学校要求教师严格执行课程计划,坚持按课程表上课,杜绝私自调课、旷课、迟到、早退、中途离岗等课堂现象;教师要认真落实教学常规"六认真"制度(备课、上课、作业、批改、辅导、考核);等等。

前文提及 A 小学老师的工作非常繁忙,要接受学校各种各样的检查与考核,这种"检查"与"考核"就是对教师进行逐步规训的过程。"检查"和"考核"是一项层级监视的技术与规范化裁决的技术,它使教师的工作能够被"观察"和"监督"。

　　在规训过程中,虽然也有很多合理的成分,比如学校对教师教育教学常规的要求,可以促进教师工作的有序化,增强教师的责任意识,对提高学校的教育教学质量具有很大的推进作用。但是,"规训"却使得教师习惯遵从于各种规定、命令、权威,而对于这些规定、命令是否合理,却很少有教师反思。比如,我发现 A 小学的有些规范存在统得过"死"的情况,如前文提到教师的作业批改,打"√"和"×"斜线部分的长度要求,这是否必要? 我清楚地记得,W 老师在对我"批改作业"指导时是那么认真,她说这是学校的要求,必须遵循。我从她以及与其他老师的交流中,都深深体会到他们对学校规定的"言听计从",很少有人质疑或反对。有老师说:"不按学校的要求,在学校怎么混啊?"当我问及某些规范是否合理时,有些教师笑了笑说:"从来没想过这个问题。学校要求怎么做就怎么做呗,我们哪有时间管这些杂事?"言下之意,规范是学校的事,不是老师们的事。

　　我曾访谈过 A 小学的教导处主任(A 小学的校长因种种原因,没访谈成,实为遗憾),教导主任对于学校的一些制度也表示很无奈,她说,那是上级的要求,上级要求我们怎么做,我们也只能跟着怎么做。

　　"规训"在给学校的运作带来极大经济价值的同时,也给教师们带来了某种恶,即,"它使个人失去自由和自主的精神气质,失去追求德性的理想"。从 A 小学的老师到学校的领导层,我都能感觉到规训的力量,它正在一步一步剥夺教师的自由,剥夺教师的"理性"。谁胆敢没有严格按照学校的规定进行教育教学工作,那么,随之而来的便是相应的惩罚,如遭受批评,克扣工资等。因此,教师只要根据学校的要求按部就班地、"认真"地工作,那么一切都会相安无事。学校程式化的管理使教师的工作愈加缺乏思考,原本具有高度创造性的教育活动被渐渐地降低至一种日复一日地、机械地重复行为,教师似乎迷失了自我,也不具有了思考能力,职业倦怠由此产生。

另外,学校的"规训"对教师可能会产生一种个人知识,即只要能成功规训好学生,且让学生有好成绩,其他似乎都不太重要。也正是由于有些教师受到这种知识的控制,才使得他们的意识深处,有着与促进学生发展无关的,想轻松维持教学秩序的欲望,至于自己的教育行为是否给学生带来了不良影响,似乎与自己无关,有些教师表现出一种漠不关心的"虚无主义",他们说:"我管得了学生一时,也管不了他们一世啊!"

二、某种被扭曲的教师文化

哈格里夫斯认为教师文化就内容而言,是指教师群体中共享的一套价值观、信念、习惯、基本假定及行为方式;就其形式而言,是指教师群体成员之间的关系模式,例如敌对、孤立或是合作等。

健康的教师文化对教师个人及学校的发展都有着重要的意义。但在 A 小学,我发现教师群体间存在着某种扭曲的文化。教师间的关系很微妙,他们在表面上似乎都挺客气,但在背后存在着批判别人的陋习。在办公室外,我偶尔会听到有些教师在议论某位教师的课上得不好,某位教师的课堂乱哄哄的,某位教师的穿着打扮太不得体,等等。也正是教师间存在着这种背后议论他人的文化,使得他们的自我保护意识很强。

A 小学在上课时间,教室的门通常是关闭的,表面上说怕相互影响,实质上他们有着更深层的担心,他们怕在同事面前暴露自己的弱点,怕被他人指指点点。关上门,就有了那么点"安全感",虽然在教室外也能听到教室内的上课情况,但总比打开大门,更让自己安心。

另外,教师间还存在着一种非正常的竞争意识。前文提到学校对教师工作的评价,给他们造成很大的精神压力。有些教师为了自己的工作业绩,为了战胜自己的同事,会有意识地与同事保持一定距离,不愿意与同事分享资料、信息。由于堤防、隔阂、竞争等,教师们的集体意识相当淡薄,"孤军奋战"是大多教师日常工作的常态。他们各干各的工作,似乎也少了些人情味,我常看到有些教师对其他班学生的"求助",表现出极大的冷漠,"我正忙着呢,找你们班主任去!"这是他们常见的回答。

马卡连柯曾告诫人们:"再没有比教师集体里的个人主义和倾轧纠纷更可怕的任何东西了,再没有比这样的现象更可恶、更有害的任何事情了。"虽然 A 小学的教师没有明显的对立关系,但存在着较为明显的"个人主义"文化。这种扭曲的文化背后,实际上隐含着教师某种需求的缺失。

如果根据马斯洛的需求层次理论,教师在学校生活中,至少在

"（心理）安全需求"和"情感与归属需求"上没有得到很好的满足。教师常常有一种"不安感"，比如担心同事在背后说三道四，担心学校的评价会影响到自己在学校中的地位，等等。因为没有"安全感"，也谈不上对学校的归属感。工作的压力，加上这种"危机感"，教师在学校生活中很容易产生一些负面情绪，而这些不良情绪又很容易被带到工作中去。有些教师一见到学生犯错就挥起教鞭，因为在他们眼里，不听话的学生已给他们构成了威胁。这些"坏"学生扰乱了教学秩序，影响了班级形象，影响了教师的个人形象，还可能使教师在学校的考核中大打折扣。因此，惩罚在有些教师那里，成为一种泄愤的工具。

马斯洛认为，需求是人行为的原动力，因为有需求，人才会不断地走向新的高度，才有可能最终实现自我。而 A 小学教师的"安全需求"和"情感与归属需求"存在着一定程度的缺失，导致他们不能淋漓尽致地投入教育教学工作。

第八章　小学场域中教育惩罚的合理性

上文提到 A 小学的惩罚现象,有些显然既不合理又不合法,那么小学场域中到底需不需要惩罚? 虽然很多研究者已经证明"教育惩罚"具有合理性,另外从哲学的视角审视教育惩罚,也能找到一定的合理性依据。但是小学作为特殊的场域,教育惩罚在其中是否也同样存在着合理性? 此处我将主要从心理学等相关领域探讨,期待从中寻找更有力的证明。

第一节　以心理学的视角审视教育中惩罚

在心理学家的大量实证研究中,我们发现惩罚是可能具有积极作用的。比如,美国心理学家桑代克发现,个体发出行为后,导致满意结果的行为,重复的可能性会增加,而带来烦恼的行为,重复的可能性会减少。也就是说,当前行为的后果对个体未来的行为起着关键的作用,这便是桑代克所说的"效果率"。

新行为主义的主要代表人物斯金纳认为,惩罚是控制行为或试图控制行为的方法之一,它主要有两种方式:一种是在行为出现之后呈现消极强化物,另一种方式是在行为出现后,撤走积极强化物。但斯金纳通过系统的实验观察得出了一条重要结论:惩罚不是一种理想的控制行为的方法,其效果是有限的。桑代克的"效果率"和斯金纳的"强化理论"都解释了惩罚对不良行为具有矫正作用的心理机制。

班杜拉的社会认知理论则告诉我们惩罚还具有威慑作用。班杜拉认为,当观察者看到别人的行为受到惩罚时,也会产生替代惩罚的作用,从而抑制相应行为的发生。从心理学家对惩罚的相关研究中,我们会发现惩罚对改变行为的效果虽然有限,但是它在一定程度上能够遏制不良行为的发生。由此可见,惩罚的存在具有一定的合理性,它是可能或可以成为教育的辅助手段的。

除了上述的相关研究能证明惩罚对于学校的教育实践具有价值外,我们从小学生的年龄特点上也能找到惩罚的合法性依据。小学生所对应的年龄阶段是 6~12 岁,心理学上将该阶段称为童年期,这是人的道德品质形成的初级阶段。根据美国心理学家科尔伯格的道德发展阶段理论,小学生的道德判断水平基本属于前习俗水平。这一水平的道德观念的特点是纯外在的。他们为了免受惩罚或获得奖励而顺从权威人物规定的行为准则。根据行为的直接后果和自身的利害关系判断好坏是非。

在行为方面,常表现出如下一些特点:①行为的抑制能力比较差;②行为往往由不同的动机引起;③容易模仿别人的行为。在意志力方面,往往比较薄弱,主要表现在自制力不够强和坚持性较差两方面。

从坚持性上来看,小学生完成任务主要靠外部力量的约束,自身的坚持性较差,经常抵制不了诱惑,时常"明知故犯",问题行为反复出现。

从小学生的道德发展水平来看,他们还没形成系统的、正确的是非对错的判断标准,对事物的认识还不完善,且身心发展迅速极具可塑性。

在实施素质教育的过程中,强调要给予学生更多的尊重与鼓励,但并不意味着教师不能惩罚学生。教育是一个复杂的系统工程,不仅要传授知识,而且要培养学生健康的人格,教会学生如何做人。如果教师只是一味地赏识,一方面会使得学生变得盲目自信,过高地估计自己的水平。另一方面,本应纠正的错误也会被遮蔽起来。合理的惩罚有助于学生认识自己的过错行为,培养其责任心,健全其人格。

马卡连柯说:"合理的惩罚制度不仅是合法的,而且也是必要的。这种合理的惩罚制度有助于形成学生坚强的性格,能培养学生的责任感,能锻炼学生的意志和性格,能培养学生抵抗引诱和战胜引诱的能力。"马卡连柯对教育惩罚合理性的阐释,是对惩罚意义最热切的希望。

近年来大量的心理健康调查表明,许多所谓的好学生的心理健康水平较低,心理承受能力和抗挫折能力常常较差。一个重要的原因就是他们是在赞扬声中长大的,很少甚至根本就没有遭遇过挫折和惩罚。总之,小学生的道德判断还主要处于他律水平,教育过程中适当运用惩罚手段有助于促进他们的道德认知发展。从这个意义上说,教育的确离不开惩罚,"没有惩罚的教育是不完整的教育、不负责任的教育"。

第二节 以现实的角度反思教育中惩罚

根据对 A 小学为期三个月的实地考察以及对 B、C、D 小学的多方了解,我深刻体会到惩罚之于教育实际的重要性。

首先,学校的教育活动要正常有序地进行,需要靠一定的纪律来维护,而纪律要发挥作用,就必须借助一定的惩罚措施。由于小学生的年龄特点使得学校秩序的维护十分不易。

根据观察,我发现很多小学生的问题行为较多,自制力较差,经常违反纪律,扰乱课堂秩序。如上课喜欢交头接耳、做小动作、打人骂人等。课间乱扔纸屑果皮、食品袋,追奔打闹、攀爬栏杆等。特别是低年级的学生,课间追追赶赶,不是自己摔着了,就是被同学弄哭了,经常看到他们哭哭啼啼地找老师。课堂上,他们注意力集中时间很短,不到 10 分钟,教室里就会出现骚动和吵闹。可见,如果没有一定的纪律要求,学校的教育工作很难有序地展开。

访谈中,很多老师表示其实不愿意惩罚学生,因为现在大多是独生子女家庭,家长视孩子为掌上明珠,另外,社会舆论都在呼吁要"尊重学生",似乎一惩罚就违背了教育规律,但是如果真的要放弃惩罚,教学活动将很难进行。有老师跟我说:"如果不惩罚,那些调皮的孩子就会闹翻了天。”还有老师说：“并不是所有的孩子都适合情感教育和一味地鼓励，有些孩子用惩罚的方式效果更好。”在问卷调查（包括对B、C小学）中，绝大部分老师是支持惩罚的，他们认为作为教师是应该要尊重、赏识学生，但惩罚对于有些犯错的学生也是必要的，二者并不矛盾，如图8-1～图8-3教师问卷上的描述。

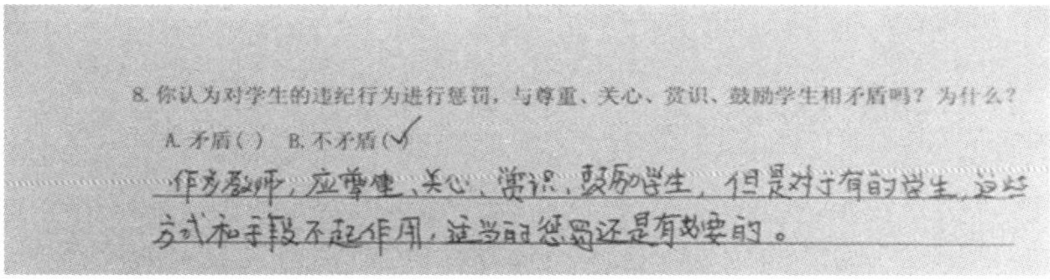
8. 你认为对学生的违纪行为进行惩罚，与尊重、关心、赏识、鼓励学生相矛盾吗？为什么？
A. 矛盾（ ） B. 不矛盾（√）
作为教师，应尊重、关心、赏识、鼓励学生，但是对于有的学生，这些方式和手段不起作用，适当的惩罚还是有必要的。

图8 1 教师问卷中的“惩罚态度”

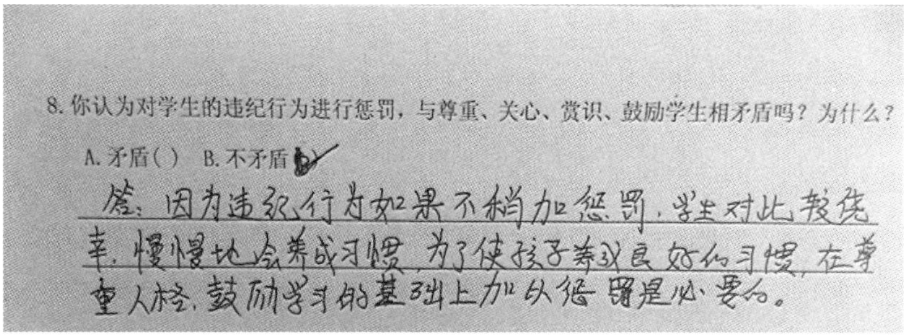
8. 你认为对学生的违纪行为进行惩罚，与尊重、关心、赏识、鼓励学生相矛盾吗？为什么？
A. 矛盾（ ） B. 不矛盾（√）
答：因为违纪行为如果不稍加惩罚，学生对此较侥幸，慢慢地会养成习惯，为了使孩子养成良好的习惯，在尊重人格，鼓励学习的基础上加以惩罚是必要的。

图8-2 教师问卷中的“惩罚态度”

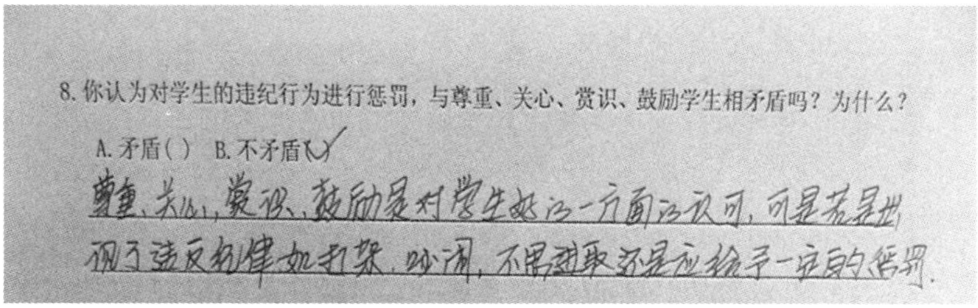
8. 你认为对学生的违纪行为进行惩罚，与尊重、关心、赏识、鼓励学生相矛盾吗？为什么？
A. 矛盾（ ） B. 不矛盾（√）
尊重、关心、赏识、鼓励是对学生的一方面的认可，可是若是出现了违反纪律如打架、吵闹，不思进取还是应给予一定的惩罚。

图8-3 教师问卷中的“惩罚态度”

其次，学生终将步入社会，成为社会人。很多研究者认为"当今社会是法制社会、竞争社会，各行各业都有自己的规章和游戏规则，而违背法律和规则的行为是要受到限制和惩罚的。既然社会存在着惩罚规则，那么学校就必须有惩罚教育，只有这样才能适应社会的要求。"如果对犯错学生不给予一定的惩罚，他们离校后将很难适应社会生活，这也是教育需要重点考虑的。

综上所述，小学场域中离不开教育惩罚，惩罚是一种有效的管理方法，不能被其他方法所取代。它既保障学生健康成长，又保证学校教育教学活动正常开展和有序进行。

马卡连柯曾说过："如果学校里没有惩罚，就必然会使一部分学生失去保障。解决这一难题的措施就是惩罚。"放弃"惩罚"是放弃教育的始端，必将导致学生管理上的混乱和教师的不作为。"一些关于惩罚似是而非的否定，主要是因为缺乏对惩罚教育意义的理性分析，把惩罚与惩罚的特定形式以及惩罚实施中的问题混为一谈，把惩罚之教育意义落实中的问题与惩罚之教育意义本身混为一谈"。认识上的混乱，使得人们对"惩罚教育"口诛笔伐，而对"赏识教育"推崇备至，这在一定程度上造成教师的无所适从。我们应直面"惩罚"，对其进行理性审视，教育有责任让学生看到自己的不足，改正错误，教师不必对"惩罚"瞻前顾后、思量再三。

第九章　教育惩罚的实施原则

既然小学场域中的教育惩罚具有合理性,那么合理性的边界何在? 我曾尝试过对 A 小学的惩罚方式进行"好""坏"分类,但遇到了一个非常棘手的问题:惩罚方式的"好"与"坏"的分类标准究竟在哪里? 当我试图将其分开,比如把打手心、罚抄作业等归到"坏"的一类时,我感觉自己在做违心事,因为通过大量的观察、访谈及问卷调查,我发现不是所有的学生对老师的这类"体罚"都"咬牙切齿",有些学生不但不记恨,反而觉得老师是在关心他们,这种情况也反映在 B、C 小学的问卷调查中。

那些在我们看来不合理的惩罚方式,在学生心目中却可能是合理的,当我意识到这点时,心里非常困惑。我把这些困惑与朋友们交流,一些当家长的朋友也肯定了某些惩罚的必要性。有个朋友说,老师的两次打手心都让她孩子改正了错误,一次是孩子的作业没写完,一次是上课不守纪律。这两次,老师都打了她孩子三下手心,而且下手较重。朋友问她孩子:"老师打你手心疼不疼?"孩子说很疼。朋友又问:"那老师打你手心应该不应该呢?"孩子回答说是应该的,因为他做错了事。后来她孩子果然不再犯类似的错了。但这个朋友也提到体育老师的一次惩罚让孩子非常恐惧,孩子由于做体操时动作不协调,被体育老师狠狠地踢了一脚,还差点摔了跟头,从此以后特别怕上体育课。

朋友讲述的案例,给我传达了这样的信息:惩罚对处于他律阶段的孩子来讲是有一定作用的,但有一个限度问题,超过限度就达不到教育的效果。那么对于惩罚"好""坏"的分类,是不是至少也应该从"度"上把握? 如何把握惩罚的"度",这也是很多教师面临的难题。

在 A 小学的"实习"期间,我问过一些教师,他们在面对"多长时间的罚站是有效的?""作业罚抄几遍学生就能记住?""怎样的言语责备,学生才不至于受到伤害?"诸如此类的实际问题时,是很困惑的。那么,教育惩罚在实践中到底有多大的张力,其限度究竟在哪里? 经过多次反复思考,我认为惩罚在教育实践中至少应遵循以下三个原则,才可能具有合理性。

第一节　尊重的原则

无论怎样的惩罚方式,我认为首先应放在"生命"的视野中审视。教育惩罚问题首先必须是有关人的"在场"的大问题,所有惩罚的合理性必须在促进学生发展中获得证明。与"惩罚"搭配的是学生健全人格的培养问题,学校中的惩罚必须最后落实到学生人格发展的问题上来,抽离"人的发展"的惩罚,其合理性只能弱于怀疑态度。

合理的惩罚必须以人的"在场"为限度,福柯在谈到惩罚的实施时说过:"即使是在惩罚最卑劣的凶手时,他身上至少应该有一样东西应该受到尊重的,亦即他的'人性'。这个在罪犯身上发现的'人'将成为刑法干预的目标,……这里所说的不是为了改造人而必须实现的目标,而是为了尊重人而应该不加触动的东西。"惩罚需要以尊重为前提,游离于"人"之外的惩罚,只是一种奴化肉体的工具,由此带来的问题是不言而喻的。

学生作为成长中的个体,他们的人格正在形成,对他们自尊心的保护尤为重要,所有的蔑视与不尊重,都容易给他们留下阴影,影响他们的身心发展。学生的健全人格和良好品质的养成需要靠"教育爱",没有爱,没有尊重,很难有教育。

马卡连柯之所以能够成功地改造了数百名的犯罪儿童,最重要的原因就是他对孩子充分的信任与尊重。他深信没有一个孩子是"废品",每一个孩子都是可以被教育好的,他说:"男女孩子们所以成为违法者或'不正常的人',都是由于受了'违法的'和'不正常的'教育的缘故。"他给学校的惩罚制度确定的基本原则是"要尽可能多地尊重一个人,也要尽可能多地要求他"。也正是他的惩罚里包含着尊重与要求,他才能成功地将其运用到教育实践。但他也曾"失去理智",以打耳光的方式教训了一个一贯不听话的学生札陀罗夫,而这种"粗暴"的方式却让那个高大强壮,桀骜不驯,甚至叛逆的学生从此听话起来。

马卡连柯那次"冲动"的惩罚方式不是每个教师都可以用的,也不是对每个学生都适用的，一方面是由于学生的个性特点，另一方面很重要的原因是教师的人格魅力。马卡连柯高尚的人格，以及对学生一直充满了爱与尊重，才使得他的“耳光”让“顽固不化”的札陀罗夫醒悟。由此可见，“尊重”是教育惩罚成功的最基本前提，只有在尊重的前提下，惩罚才可能使学生去认识自己的过错；没有尊重、没有情感基础的惩罚，很难使学生从中受益。

蔡芸芝老师“敲在石板边上的教鞭”之所以让魏巍难忘，也是因为蔡老师一直关爱着学生，即使是“惩罚”也带着爱意。魏巍说：“我用儿童的狡猾的眼光察觉，她爱我们，并没有存心要打的意思。孩子们是多么善于观察这一点啊。”对于“敏感”的学生，他们的确很容易察觉到老师对自己是否尊重，是否关心。

A 小学有个学生在问卷上详细地讲述了她被老师惩罚的一次经历。她说，有一次上课不认真听讲，被老师叫起来回答问题，她支支吾吾了半天也回答不上，老师生气地叫她坐下。下课后她被叫到办公室，老师用和蔼的口气给她讲道理，她从中感觉到了老师母亲般的温暖，见图 9-1。

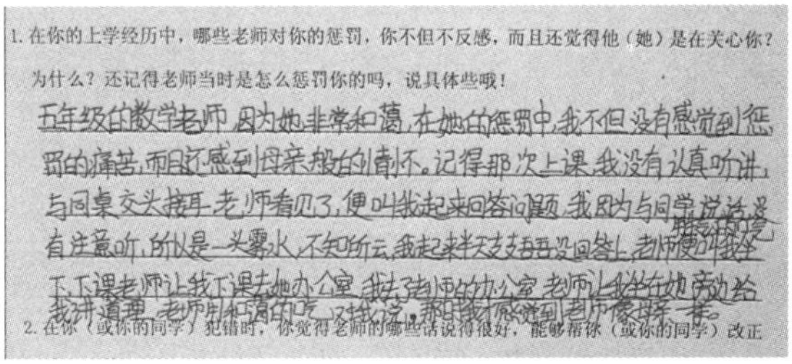
1. 在你的上学经历中，哪些老师对你的惩罚，你不但不反感，而且还觉得他（她）是在关心你？为什么？还记得老师当时是怎么惩罚你的吗，说具体些哦！

五年级的数学老师，因为她非常和蔼，在她的惩罚中，我不但没有感觉到惩罚的痛苦，而且还感到母亲般的情怀。记得那次上课，我没有认真听讲，与同桌交头接耳，老师看见了，便叫我起来回答问题，我因为与同学说话，没有注意听，所以是一头雾水，不知所云，我起来半天支支吾吾没回答上，老师便叫我坐下。下课老师让我下课去她办公室，我去了老师的办公室，老师让我坐在她旁边给我讲道理，老师用和蔼的口气对我说，那时我才感觉到老师像母亲一样。

2. 在你（或你的同学）犯错时，你觉得老师的哪些话说得很好，能够帮你（或你的同学）改正

图 9-1　学生问卷上的描述

有些学生对老师的惩罚方式之所以不满，是因为他们感觉到老师的“冷漠”。一个学生在问卷上说：“……（老师）用电丝打我，并且还打我耳光，我并不觉得她是在关心我，因为当时她脸上冷漠无情，之后还骂我，干什么她都好像无视于我……”，见图 9–2。关于图 9–2 上的问题，我的本意是想让学生回忆哪些老师的惩罚方式对于他们有帮助，但这位学生也许是看错了题意，也许是老师的惩罚让他无法忘记，所以借此机会“诉苦”，但不管怎样，那位老师“冷漠”的惩罚方式不但没有起到任何效果，而且可能成为学生心底里的“痛”。

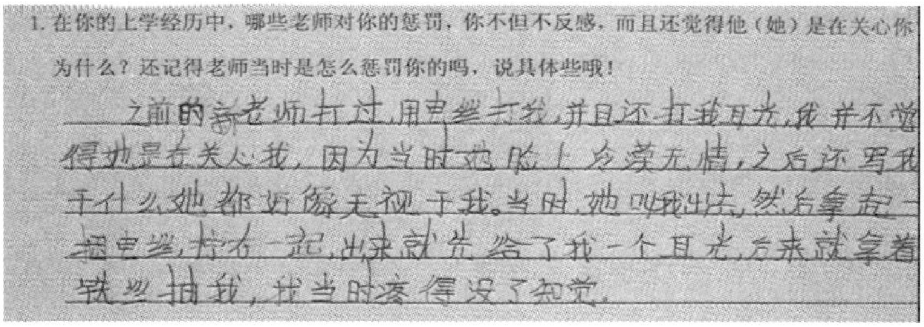
1. 在你的上学经历中，哪些老师对你的惩罚，你不但不反感，而且还觉得他（她）是在关心你为什么？还记得老师当时是怎么惩罚你的吗，说具体些哦！

之前的老师打过，用电丝打我，并且还打我耳光，我并不觉得她是在关心我，因为当时她脸上冷漠无情，之后还骂我干什么她都好像无视于我。当时她叫我出去，然后拿起一把电丝，拧在一起，出来就先给了我一个耳光，后来就拿着铁丝抽我，我当时疼得没了知觉。

图 9–2　学生问卷上的描述

还有一个学生，也是在这道题上讲述他被老师惩罚的整个过程，见图 9–3。这个学生没有说明他对这位老师的惩罚方式是否反感，但从描述上看，这样的方式估计很多学生是无法接受的，因为那位老师的惩罚表现出对学生很大的不尊重，再说学生只是认知上的错误，订正好错别字即可，何至于采取这种极端的方式。

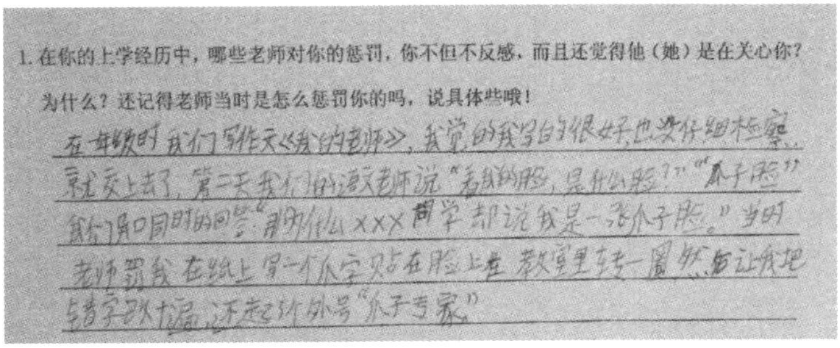
1. 在你的上学经历中，哪些老师对你的惩罚，你不但不反感，而且还觉得他（她）是在关心你？为什么？还记得老师当时是怎么惩罚你的吗，说具体些哦！

在一年级时我们写作文《我的老师》，我觉的我写的很好也没仔细检查，就交上去了，第二天我们的语文老师说"看我的脸，是什么脸？""爪子脸"我们异口同时的回答"为什么XXX同学都说我是一张爪子脸。"当时老师罚我在纸上写一个爪字贴在脸上在教室里转一圈然后让我把错字改十遍，还起了外号"爪子专家"

图 9-3　学生问卷上的描述

图9-3上的描述，让我想起台湾著名女作家三毛的事迹，三毛的自杀据心理学家分析与她上学期间所受到的惩罚有关。“三毛小时候作文成绩优异而数学成绩欠佳。初中二年级时，因没有做出一道代数题，老师就把她叫到讲台前，说：‘有一个同学喜欢鸭蛋，今天老师再让她吃两个。’随即饱蘸墨汁在三毛眼睛周围画了两个黑圈，然后叫她转身给全班同学看。下课后，老师又勒令她在校园里绕一圈，让她在全校同学面前受羞辱。从此，三毛的精神受到严重挫伤，出现了严重的心理障碍，以至于一想到上学就昏厥，甚至因为不能适应学校生活，内心焦虑与日俱增而自杀，虽因及早发现而被劝止，但她从此患上了自闭症，再也不肯上学校，怕接触所有的人，并在自己闺房外加上铁窗和锁。这种自闭生活长达7年之久。最后，她还是在自己的创作巅峰之时自杀身亡。”这类惩罚方式及前文提及的有些惩罚，都会让我们感觉到有些老师实在太过“冷酷无情”，可以说，这类惩罚根本没有教育性可言，只会让学生更加自卑，更加不自信，还可能引起很多不可估量的后果，教师应引以为戒。

第二节　教育性原则

　　柏格森的生命哲学给我们的启示是:每个学生都有发展的无限可能性,因此,教师不要用机械的、凝固的、静止的眼光看待学生。小学生的心智还不成熟,不可避免地会犯这样那样的错误,不要给他们贴上"坏标签",教师对学生的负面看法很容易变成他们的自我确认,导致一个原本不差的学生真的会成为一个差生。

　　教育是慢的艺术,它需要时间,需要耐心等待,教师在惩罚学生时,切忌急功近利。如果说尊重是惩罚的基本前提,那么教育则是惩罚最基本的目的。在尊重学生的基础上,教师应把"教育性"贯穿整个惩罚过程的始终,惩罚前,要充分考虑学生的个性特点,审慎思考即将采用的惩罚方式对该生适不适用,能否达到教育效果。

　　惩罚过程中,要努力让学生认识到过错,促使他(她)警醒、反思,最终为自己所犯的错误感到悔恨。惩罚后,教师还要对学生进行后续的观察和关心。只有以教育为目的的惩罚,才可能促进学生的发展。如果惩罚只是为了达成教育以外的某个目的,这样的惩罚只能说是一种伤害。

　　前文已提到在 A 小学中有些教师太过于看重惩罚的"经济价值",把惩罚异化为某种目的,或为惩罚而惩罚;有些教师没有把握好惩罚的"度",如长时间地罚站、机械性地罚抄写数十遍甚至上百遍;还有些教师因为个别学生的错误而过度惩罚集体,让学生受到舆论的指责,背上沉重的思想包袱;等等。

　　这些惩罚很难达到教育性目的,却很可能使学生对教师心怀不满,甚至感到恐惧。不仅在访谈中我能感觉到学生对惩罚的畏惧,在问卷调查的整个过程中,我也深切感受到惩罚带给学生更多的是对教师的惧怕。在分发问卷时,尽管我再三保证一定不会把问卷交给他们老师,但还是有学生不放心,怕被老师认出字迹,故意写得歪歪扭扭,见图9-4问卷上的字迹。

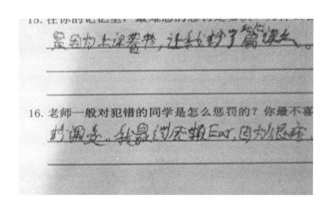

图9-4　学生问卷上的字迹

　　当我把问卷发下去时,有好几个学生说:"老师,你看,你问卷上的这张脸是被我们老师打肿的",见图9-4。这个可爱的笑脸在我设计的所有问卷中都有(包括学生、教师问卷),我原本只是为了让他们填完问卷愉悦一下,想不到在学生眼里却成了被老师打肿的脸。收好问卷,我回到办公室,没想到有学生跟踪我到办公室,更没想到的是,当我在操场上随意走动时,被一群学生拦住不停地问:"老师,你到底把我们的问卷怎么处理了啊?"看着他们,我心里有一种说不出的滋味,难道这就是我们所想要的惩罚效果吗? 如果惩罚"只能通过对个人痛苦的恐惧来保持善良或道德的个人(不管是孩子还是成人),是一种可怜的动物。他的改过自新,或者他的良好行为,是以既可怕又可悲的高价买来的。他的生活是一个奴隶的生活。"简单粗暴的惩罚如果多次重复使用,往往会使学生"心灵变得粗糙,对痛苦漠不关心"。

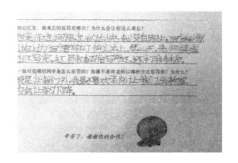

图 9-5　问卷上的笑脸

　　教育惩罚(狭义)只是一种手段,它是为教育目的服务的,其本真目的是让学生改过自新,获得积极向上的动力。如果僭越其教育性目的,惩罚只不过是一种残忍的展示。

第三节　灵活性原则

教育惩罚以什么方式、怎么选用,永远都具有个体性、情景性,这是一种高难度的技术。打"一巴掌"可能会惊醒一个学生,让他/她从此"改邪归正",而同样的"一巴掌"也可能会令另一个学生怀恨在心,走向极端。教师一定要考虑周全,灵活选用惩罚方式,因材施罚。在收集教育惩罚事件的过程中,我发现 A 小学的有些教师对学生的惩罚太过简单,以下是一次惩罚事件的实录。

9 月 17 日,我参加了 A 小的升旗仪式。我站在队伍后面认真观察。在升旗的过程中,我发现每个班都有那么几个爱说话、爱捣蛋的孩子,或扯扯前面同学的衣服,或朝旁边的同学做做鬼脸。特别是站在我班旁边的四年级某班,不知道是因为什么事,有两个孩子在那里大声地争吵着,对正在进行的国旗下讲话,根本没有好好听。就在这时,该班的正班主任走到一个背着书包的女生前面,二话不说把她推倒在地,然后气冲冲地走了。我看到摔倒在地的那个女生,艰难地爬起来,默默地站到队伍的后面。

事后,我问了该班几个学生对升旗仪式上班主任推倒 Y 同学的事有什么看法,以下是学生的回答。

"老师这么做是对的,如果她不说话,老师也不会推她的。"

"我觉得老师这么做很不对，可以狠狠批评她，就是不能把她推倒。"

"谁叫她说话，如果她不说话，老师也不会这么做，她活该！"

"是旁边那个同学先跟她吵的，老师怎么只推她，要推一起推，这样不公平。"

我还找了 Y 同学，也对她问了类似的问题，以下是她的回答。

"老师这么做是对的，因为我和别的同学说话，不遵守纪律，以后我再也不敢了。"Y 同学说完还露出怯生生的样子……（节选自我的"进入小学现场"日记）

该事件中教师惩罚学生的方式，显然是欠考虑的，这里不做过多指责。令人困惑的是，学生面对同样的惩罚事件却持两种不同的态度。为什么有些学生会认为教师的这种做法是对的，而有些学生却反对？其背后的原因是极为复杂的，我认为最主要的原因与学生的年龄特点及个体差异有关。

该事件发生在小学四年级，根据科尔伯格的道德发展阶段理论，大多数尤其是中低年级小学生的道德判断发展水平一般处于第一阶段，即惩罚与服从的定向阶段。处于该阶段的儿童，为避免惩罚，绝对服从规则和权威。所以才有一部分学生认为"老师这么做是对的，如果她不说话，老师也不会推她的"。另一部分学生虽然持反对态度，但大多还是觉得做错事就要受罚，只是不能接受这种惩罚方式以及教师的“不公平”。可见,由于小学生的年龄特点,恰当地使用惩罚,常常会取得其他方法难以替代的作用,但是个体间存在着差异,学生对惩罚方式的接受程度不一样,教师一定要慎重选用。

在A小学及B、C小学的问卷调查中,我也发现不同的学生对惩罚的感受阈限不同。前文提到在A小学中,很多学生对打手心、蹲马步等惩罚方式表示不满,但我也发现有部分学生认为老师这样的体罚是在关心自己,甚至有学生说老师体罚他(她),是看得起他(她),见图9-6、图9-7。

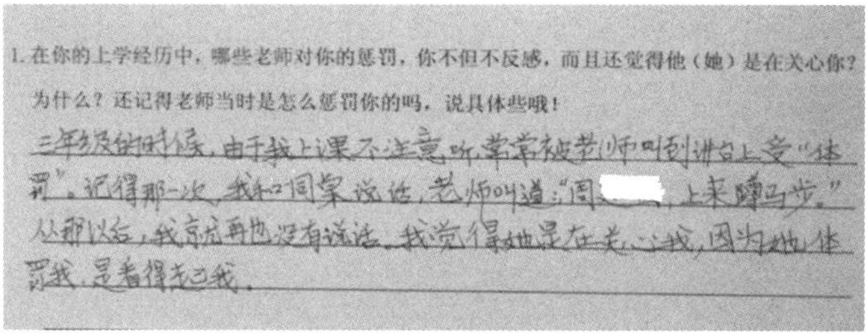
1. 在你的上学经历中，哪些老师对你的惩罚，你不但不反感，而且还觉得他（她）是在关心你？为什么？还记得老师当时是怎么惩罚你的吗，说具体些哦！

三年级的时候，由于我上课不注意听，常常被老师叫到讲台上受“体罚”。记得那一次，我和同桌说话，老师叫道：“同　　上来蹲马步。”从那以后，我就再也没有说话。我觉得她是在关心我，因为她体罚我，是看得起我。

图9-6　学生问卷上的描述

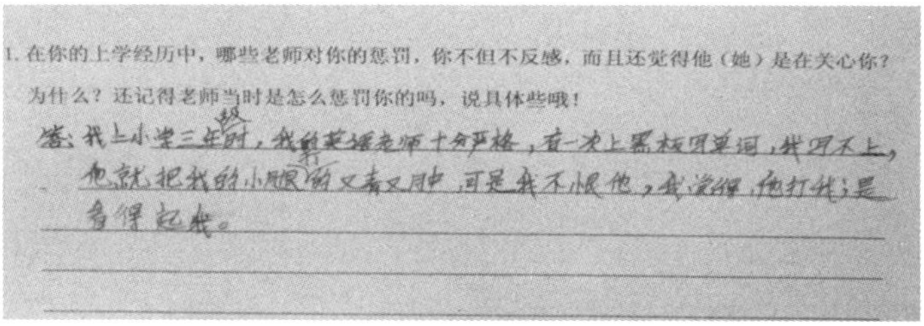
1. 在你的上学经历中，哪些老师对你的惩罚，你不但不反感，而且还觉得他（她）是在关心你？为什么？还记得老师当时是怎么惩罚你的吗，说具体些哦！

答：我上小学三年级时，我的英语老师十分严格，有一次上黑板听写单词，我写不上，他就把我的小腿打的又青又肿，可是我不恨他，我觉得，他打我是看得起我。

图9-7　学生问卷上的描述

这种情况,尤其反应在B、C小学的问卷中。有些学生甚至被老师打得又青又肿，或被骂太笨了，或被罚站晒太阳等，他们还是觉得老师是在关心他（她），如图 9-8、图 9-9、图 9-10。

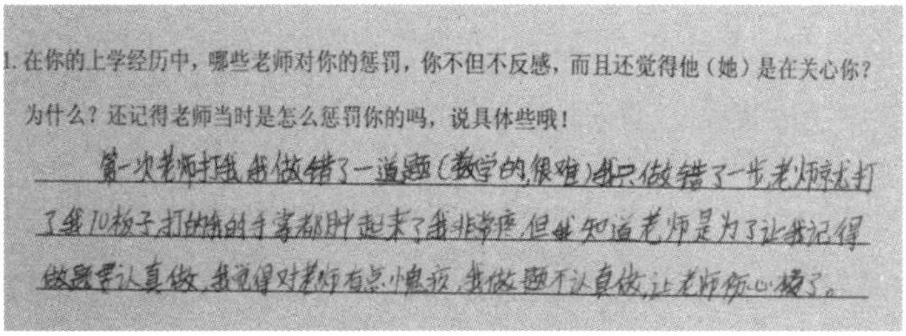

1. 在你的上学经历中，哪些老师对你的惩罚，你不但不反感，而且还觉得他（她）是在关心你？为什么？还记得老师当时是怎么惩罚你的吗，说具体些哦！

第一次老师打我，我做错了一道题（数学的，很难），我只做错了一步，老师就打了我10板子，打的我的手掌都肿起来了，我非常疼，但我知道老师是为了让我记得做题要认真做，我觉得对老师有点小愧疚，我做题不认真做，让老师伤心极了。

图 9-8　学生问卷上的描述

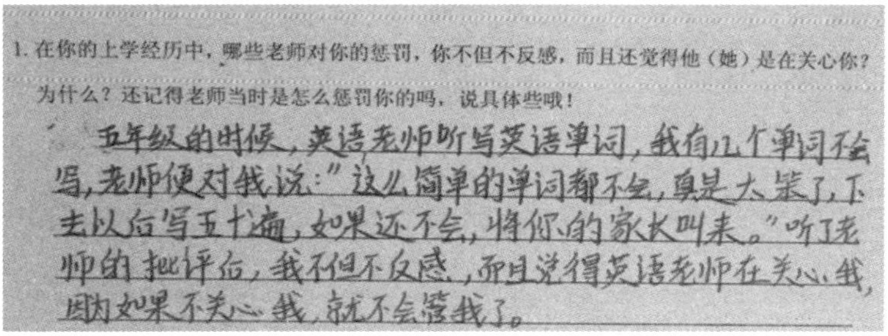

1. 在你的上学经历中，哪些老师对你的惩罚，你不但不反感，而且还觉得他（她）是在关心你？为什么？还记得老师当时是怎么惩罚你的吗，说具体些哦！

五年级的时候，英语老师听写英语单词，我有几个单词不会写，老师便对我说："这么简单的单词都不会，真是太笨了，下去以后写五十遍，如果还不会，将你的家长叫来。"听了老师的批评后，我不但不反感，而且觉得英语老师在关心我，因为如果不关心我，就不会管我了。

图 9-9　学生问卷上的描述

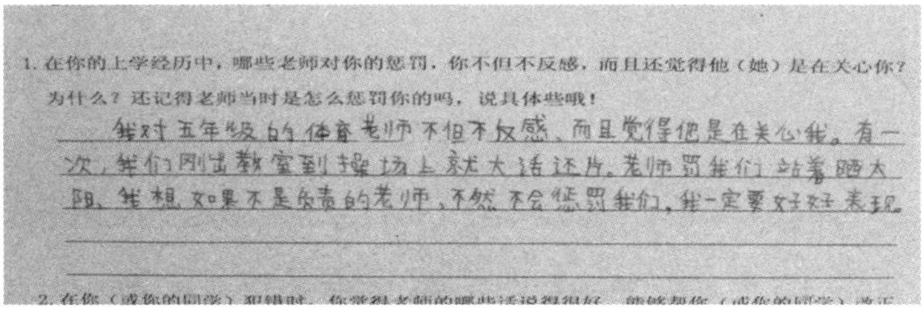

1. 在你的上学经历中，哪些老师对你的惩罚，你不但不反感，而且还觉得他（她）是在关心你？为什么？还记得老师当时是怎么惩罚你的吗，说具体些哦！

我对五年级的体育老师不但不反感，而且觉得他是在关心我。有一次，我们刚出教室到操场上就大话还片。老师罚我们站着晒太阳，我想如果不是负责的老师，不然不会惩罚我们，我一定要好好表现

图 9-10　学生问卷上的描述

　　这些在我们看来不太合理的惩罚方式,在有些学生眼里却可能是合理的,究其原因与学生的年龄、个性等密切相关。另外,与学生所处的环境也有很大关系。

　　A 小学的多数学生生活在城市,优越的生活条件及父母的疼爱有加,很容易使有些学生对教师的惩罚产生抵触情绪。而 B、C 小学位于农村,很多农村的孩子受过父母的"棍棒"教育,农村父母也常常告诉孩子"打你,是为了你好",因此很多学生对老师的体罚,只要不太过分,都会感到这是老师对自己的关心,因为他们的父母也常常这么教育自己的。在此说明城市与农村的学生群体差异,并不意味着对农村的学生就可以采用简单粗暴的教育方式。我的目的只在于说明,教师惩罚学生时一定要考虑到学生的个体特征,所有学生的个性都不一样,如果惩罚都是简单粗暴地进行,那么将远远不足以对付无比复杂的学生行为问题。

　　教育中的惩罚是一把双刃剑,是一种高难度的教育技术,如果使用不当,易于异化为一种破坏性的力量,成为奴化学生肉体和心灵的工具。某种情景下合适的"教育惩罚"没有被采用,意味着教师某种"实践智慧"的匮乏。惩罚事件中最主要的不幸是教师以为"惩罚"可以"格式化",这种态度离间了惩罚与惩罚的目的,最终使得惩罚成为"普罗克拉斯之床"。

　　我认为教育惩罚只有在遵循上述的三个原则中才能获得张力,超出这三个原则,也就超出了限度。换句话说,教师只有在充分尊重学生个体差异的基础上,并本着促进学生发展的良好愿望,对学生所执行的惩罚才可能达成教育性目的。由于学生个体是有差异的,教育惩罚"度"的把握没有、也不可能有一个统一的标准,因此,对前文提到的疑问:"(对学生)多长时间的罚站是有效的?""作业罚抄几遍学生就能记住?"等此类问题,是很难给出明确答案的。但这并不意味着教师就可以随意惩罚学生,"随意地长时间罚站""随意地罚抄上百遍作业"等,这是对学生极大的不尊重,这样的惩罚方式明显也是不合理的。教师能否尊重学生微妙的个体差异,能否洞察学生细微的情感变化,是把握教育惩罚张力与限度的难点所在,这就需要靠教师的实践智慧。

第十章　静悄悄的革命

　　当我与老师们提及有关教育惩罚的张力与限度问题时,有老师说:"你那都是纸上谈兵啊,你以为现在的学生那么好管吗? 你真的不了解我们,我们每天疲于奔命,上课被学生气得半死,下课本想轻松一下,却还有一大堆的事情呢! 我们哪有时间想惩罚的张力与限度啊?"还有老师说:"你不知道,有些学生是死猪不怕开水烫,任我怎么处置也没有用,你说的那个张力与限度,很难,真的很难。"从他们迷茫的眼神中,我感觉到了他们在面对"问题"学生时的无力感,我曾当过小学老师,也深知有些学生确实很难管教。

　　在第一章"研究缘起"部分,我曾提到有位基层老师发的帖子:"民主尊重式教育,你在基层还好吗?"这位老师的困惑是:对学生温和、宽容,学生肆无忌惮;对学生严峻冷酷,学生倒乖巧听话。可以说,这也是我所调研的学校中很多老师的困惑。

　　由于小学生的年龄特点,让教师完全用"赏识"式的教育,不太现实,惩罚在教育中不可避免。但是,与教师交流中,我发现让他们把握惩罚的张力与限度,同样也非常困难。这引发了我去直面与追问:充分尊重学生个体差异、促进学生发展的教育惩罚,在实践上真的不可能吗？前文提及导致教师不当惩罚背后有诸多原因，我认为其中最主要的原因，不是工作繁忙的问题，而是教师深陷于规章制度的藩篱不能自拔，他们疲于应对各种的检查与监督，他们受规训的身体已然成为"灵魂"的樊笼。但这是否就意味着教师不能发挥其主观能动性，从规训的网络中寻找逃逸的空间？"人之为人就在于他的不可规定性和无限可能性。人就是、必然是、并且是世界上从未有过的东西，即'奇迹'。"

生命哲学告诉我们，我们究竟想成为什么样的人，在很大程度上取决于自己，教师是否具有创造性也取决他们自己。可以说，每位教师都具有创造的可能性。日本东京大学佐藤学教授在《静悄悄的革命》一书中提到的自下而上的教育改革就是很好的例证。

诚然，教育体制问题的确是进行学校内部改革的阻力，但是我们要有勇气去突破，正如佐藤学教授确信地那样，"改变教学、改变学校的条件绝不是遥不可及的，使其实现的条件就存在于所有的教室中，存在于所有的学校中。"

我认为，改变教师惩罚方式的条件同样也存在于所有的教室中，存在于所有的学校中。如果学校领导、教师都积极行动起来，那么"充分尊重学生个体差异、促进学生发展"的教育惩罚是完全有可能的。以下我将从"改变教师的生活条件""改变教师的思想观念""惩罚实践上的突破"三方面，尝试对教育惩罚方式的变革提出一些参考建议。

第一节　润泽教师的学校生活

"润泽"这个词表示的是湿润程度,也可以说,它表示了那种安心的、无拘无束的、轻柔滋润的感觉。"润泽"教师的学校生活,也就是要让教师生活在一个没有压力的、安全的、轻松愉悦的、充满人文关怀的工作环境中。

前文提到根据马斯洛的需求层次理论,A小学的教师在"(心理)安全需求"和"情感与归属需求"上并没有得到很好的满足。教师被各种烦恼缠身,如繁忙的工作、纷繁琐碎的检查、细枝末节的监督、淡薄的同事关系等,都令他们感到身心疲惫,较多的教师对学校还未产生归属感,他们仍未形成真正团结一致的集体。

我认为关注学校生活中教师的生存境遇、理解与反省教师集体间存在的问题,对改变教师的教育方式有着极为重要的意义。因为"只有教师能够感受到生活充满希望、充满阳光,工作过程是一种享受而不是一种劳役,是自我实现的过程而不是单纯的付出,他才能创造出充满生命温暖的课堂,才可能为学生提供优质的教育服务。"可见,教师的生活质量关乎到学校的教育工作能否顺利地进行。那么如何提升教师的学校生活幸福指数,我认为可以尝试从以下两方面努力。

一、丰富教师的精神生活

苏霍姆林斯基认为,教师丰富的精神生活是其从教的前提和取得教育成效的基础。那么,学校该如何充实教师的精神生活?

(一)学校要努力为教师创造良好的读书条件

苏霍姆林斯基说:"一所学校可能什么都齐全,但如果没有为了人的全面发展和丰富精神生活而必备的书,或者如果大家不喜爱书籍,对书籍冷淡,那么就不能称其为学校。一所学校也可能缺少很多东西,可能在许多方面都很简陋贫乏,但只要有书,有能为我们经常敞开世界之窗的书,那么,这就足以称得上是学校。"

阅读是教师知识的源头活水,它可以提升教师思考问题的广度和深度。但是,在我所调研的学校,很多教师事实上是不太愿意读书的,他们觉得工作太忙,没有时间好好读书。比如在 A 小学,学校也一直为开展教师的读书活动而努力,但收效甚微。表面上似乎与教师的工作压力有关,但与教师的交流中,我发现,压力不是教师拒绝读书的最主要原因,我认为与他们尚未意识到读书的重要性有很大关系。

在这方面,学校可以通过潜移默化的方式影响教师的读书观,比如可以多做宣传、可以邀请一些专家来学校做讲座等。另外,学校要尽可能地为教师留有闲暇时间,为他们创设良好的读书环境,比如可以在校内创设一个类似于"书吧"的小空间,"书吧"要尽量布置得优雅、温馨、简约。教师在工作忙碌之余,可以到"书吧"喝喝茶、看看书。

"书吧"里也可以放几本《读书随笔》,供教师摘录精彩语句或写写心得。

虽然让阅读成为一种习惯需要一个过程,但如果经常让教师沉浸在浓郁的书香氛围里,相信他们总有一天会喜欢上读书的。另外,关于教师阅读的书籍,可以以教育名著为主,但决不能仅限于此。关于教育名著,尤其推荐研读陶行知、马卡连柯、苏霍姆林斯基等教育家的著作,还有上文提到佐藤学教授的《静悄悄的革命》,相信教师可以从中汲取很多营养,获得教育"灵感"。

(二)发展教师的兴趣爱好

教师的兴趣爱好不仅可以充实教师的精神生活,缓解他们的疲劳和压力,让他们的身心感到愉悦,而且也潜在地影响着学生的精神世界,激发学生的主观能动性和创造性。

帕夫雷什中学的一个女教师精通刺绣技术,在她的指导下,学生也绣出了一幅幅有趣的图画。"一个具有广泛的兴趣爱好和较高鉴赏力的教师,可以通过组织学生在校内校外开展各种各样丰富多彩的活动,用美来吸引孩子们,培养他们的兴趣爱好。"

在我所调研的 D 小学,校长告诉我,他们学校有一个教师的兴趣爱好广泛,既会唱歌,又会跳舞,还能写一手漂亮的毛笔字,学生都特别喜欢他、崇拜他。他常常发动和组织学生参加课余文艺活动,与学生相处得很融洽。可见,对教师兴趣爱好的培养,不只是教师个人的事,更是学校的事,它是学校各项工作顺利开展的得力助手。

那么学校该如何发展教师的兴趣爱好？首先,学校在了解教师兴趣爱好的基础上,可以邀请相关领域的专家来校做讲座或为教师出资报兴趣培训班等。其次,学校尽可能地为教师提供相关场所和设施,比如,舞蹈室、美术室、书法室等。另外,学校可以不定期地展示教师的成果,供全校师生一起欣赏。

(三) 多为教师提供旅游机会

苏霍姆林斯说,"我不能想象,不到故乡各地旅行游览,不观察自然景色,不用词语抒发感情,怎能去讲授语言。"旅游对丰富教师的精神生活十分有益,它能够开阔教师的视野,影响教师的气度和胸怀。学校在可能的情况下,多为教师提供旅游机会。在旅游之前,可以先组织教师了解相关旅游景点的风土人情,让他们带着探寻、求知之心进行文化之旅。

二、培养关系融洽的教师集体

感情融洽、关系和谐的教师集体,会让教师的学校生活更幸福,教师只有身处良好的集体,身心才会感到轻松愉悦,也才能更专注、更高效地投入工作。

马卡连柯说:"(学校)应该有这样的教师集体:有共同的见解,有共同的信念,彼此间相互帮助,彼此间没有猜忌,不追求学生对个人的爱戴。只有这样的集体,才能够教育儿童。"A 小学的教师集体虽然有学校统一规定的计划,如每周的教研例会、集体备课等,但教师的集体内部还没形成坚定的教育信念、互帮互助的氛围,如前文提到的有些教师对其他班级学生的"求助"置之不理,教师习惯于"孤军奋战"。

马卡连柯是极力反对教师单独行动的,他认为教师应该成为学习、精神的共同体,他们应该拧成一股绳,形成教育合力,共同促进学生的成长。他说:"如果有五个能力较弱的教师团结在一个集体里,受着一种思想、一种原则、一种作风的鼓舞,能齐心一致地工作的话,那就要比十个随心所欲地单独工作的优秀教师要好得多。"我认为培养关系融洽的教师集体,之于学校、之于教师个人发展都有着重要的意义。良好集体的形成,一方面需要靠学校给教师"减负",另一方面也需要教师自身不断地努力。

(一)学校应建立合理、多元的考核评价机制

首先,应避免考核重量轻质。在 A 小学,我发现考核中存在着注重数量而轻视质量的问题。比如,学校对教师作业的批改次数有一定要求,以语文学科为例,要求生字作业每学期不少于 90 次,配套练习每课一阅。三至六年级,除了生字、配套练习外,还有作文、周记,要求每学期至少 8 次。但在质量上,学校检查得较为马虎,我帮 W 老师批改作业的过程中,发现她之前批改的作业中,有好几份存在着不少问题(学校已检查过的),W 老师没发觉,学校也没发觉,这样只重量不重质的考核,只会让教师疲于应对,而无暇顾及其他。

其次,学校应避免将"分数"作为单一的考核标准,多给予教师激励性的评价,比如可以将教师的特长爱好、知识获得等纳入综合评价

体系,以增强教师的自我成就感。A 小学教师之所以会出现非正常的竞争,与学校非常注重学生的学业成绩有关,大部分的考核事实上都在围着"分数"转,而对教师的综合素质关注不够。

另外,评价结果与评优评先、晋职晋级、福利待遇等直接挂钩,也在一定程度上造成教师间的关系紧张。如果学校不建立合理、宽松的考核制度,教师间的关系是很难真正融洽起来的。而宽松的、人性化的考核制度的建立,需要学校广泛听取教师的意见,让教师真正以主人翁的态度参与到评价制度的制定过程中。总之,学校的考核应以促进教师的发展为旨归。

(二)良好集体的建立还需要教师自身不断地努力

一方面,教师要有健康的生活情趣和高尚的精神追求,以开阔胸襟、涵养气度,前文提到的读书、旅游等都是很好的方式。另一方面,教师要树立坚定的教育信仰。"教育信仰是人们对教育活动在个体和社会发展过程中的价值及其实现方式的极度信服和尊重,并以之为教育行为的根本准则。""教育信仰在教育生活中具有强大的凝聚作用。"有了教育信仰,教师在面对各种束缚和艰难困苦时,就不会丧失对教育的信心和勇气,他们会充满热情地投入工作,为了共同的教育理想而奋斗。教育信仰的提升可以通过学习教育名著、观看教育影片等途径来进行。另外,"学校也可以通过重振教育仪式的作用、加强榜样人物的宣传和学习、指导教育行为的反省等途径来培育和提升教师的教育信仰。"

第二节　努力构建平等和谐的师生关系

前文提到马卡连柯曾以"粗暴"的方式惩罚了一个"顽固不化"的学生,不但没有使这个学生怀恨在心,反而使他最终醒悟,这绝不是偶然,而是与马卡连柯平时对学生的"尊重"与"爱"有很大关系,也就是说,马卡连柯与学生之间有良好的师生关系基础,才使得他的惩罚,即使不够"理智",也可能奏效。

良好的师生关系是一种平等、对话、和谐的师生关系,即"师生心理相容,心灵互相接纳",这是一种"民主、平等、互尊、互爱的亲密关系"。在现实的学校生活中,很多惩罚事件的不幸,都源于师生关系的不平等、不和谐。如,新闻媒体报道 2013 年 10 月 30 日,四川成都师范附属小学五年级某班的 10 岁男孩军军(化名),在语文课本上留下"老师我做不到,跳楼时我好几次都缩回来了。"这句遗言后,从 30 层高的楼上跳下。据调查,事发前,语文老师曾因军军不遵守会场纪律多次批评了他,并要求写千字检查,还说了"写不到 1000 字就去跳楼"的话。也许,那位老师只是说了一时的气话,但是,10 岁的孩子还主要处于"他律"阶段,老师的话就如同"圣旨"一般,因为写不出千字检查,他只好选择了那个他也不愿意选择的方式。他写在语文课本上的遗言,反映了他内心的挣扎与害怕,但是那位老师对此全然不觉,她对军军进行了多次批评,却没有一次对他进行深入地沟通与交流。

从整个事件看,这是一种典型的以"教师为中心"的师生关系,那位教师在这次事件中,只把学生看作是控制的对象,并没有与学生展开真正的对话与交流,这是悲剧发生的一个重要原因。由此可见,良好的师生关系是教育惩罚进行的重要前提,在不平等、不和谐的师生关系下,惩罚是一种极具危险的教育手段。那么,教师该如何构建平等和谐的师生关系?

一、树立正确的学生观

树立正确的学生观是建立良好师生关系的重要前提。与教师交流中,我发现有些教师对学生持有极端的偏见,比如,认为有些学生天生"蠢驴",已"无药可救",有些学生秉性顽劣,"死猪不怕开水烫",等等。有些教师仍持有传统的学生观,比如,认为"学生必须服从教师","教师必须给学生使点'颜色',学生才会听话","学生不打不成才",等等。另外,有些教师还表露出对"高分数"学生的青睐,认为"高分数"的学生都是"好学生",而"好学生"样样都比"差生"强。这些观点严重影响了师生关系的和谐,教师应走出这种认识误区,重新认识学生。

首先,要把学生看作是活生生的人,有着独立人格的人,他们同样需要爱与尊重。其次,每个学生都是独立的个体,他们来自不同的家庭,有着不同的个性,因此,教师要因材施教,避免使用"一刀切"的教育方式。再次,每个学生都是发展中的人,犯错在所难免,教师不要用静止的、片面的眼光看待学生,不要武断地给学生"贴标签"、下结论。

马卡连柯认为教育是不可有废品的,他说:"我断然相信,并且一生都是这么说:连百分之一不合格的、连一个被浪费了的生命都不准许有。"他一生卓越的工作成就无可辩驳地证实了孩子具有发展的无限可能性。

二、倾听学生内心的声音

走进学生的心灵世界,倾听学生内心的声音,这是建立和谐师生关系的重要一步,也是教育成功的关键。在教育中,"教师与学生总是处于一定的交往关系中,没有交往,教育关系便不能成立,教育活动便不可能产生。"干巴巴的、缺少人情味的师生关系,很难有真正的教育发生。

与学生交往,需要教师的心门先向学生打开,教师用真诚的心去感染学生,打动学生,才可能走进学生的内心世界,倾听学生内心最真实的想法,师生间才可能形成对话与理解。"对话和理解构成了新型的师生关系,即'我—你'的关系,在这种师生关系中,师生各方并不把对方看作是一个对象,而是看作与'我'讨论共同'话题'的'你',师生关系是直接的、相互的、亲临在场的"。在这样的师生关系中,师生间的心扉是彼此敞开的,"教育"在其间可以自由地流淌。在现实的教育实践中,有些教师缺乏与学生沟通的意识,常以不恰当的应对遏制了学生的表达。

　　前文提到军军跳楼自杀的悲剧,主要原因就在于师生间缺少必要的沟通与交流。在调研中,我也发现有些教师太过武断霸权,根本无视学生的内心感受,导致有些学生对教师的惩罚只是消极"应对"。如果教师不与学生进行推心置腹地交流,倾听他们尚未说出的话语,就无法知道学生的"苦衷",也无法了解学生的思想动态,更感受不到学生的情绪波动。当教师说:"不要解释,伸出手来!""迟到了就迟到了,不要找借口!""我对你的理由表示怀疑!"时,学生的心门也被慢慢地关闭了,教育的很多不幸由此产生。

　　可以说,"倾听"与"交流"是师生顺利交往的"法宝"。如果教师不善于倾听,就不可能了解学生,也就无法与学生展开对话交流,更谈不上走进学生的心灵世界。

　　苏霍姆林斯基是一个很善于倾听学生的教育家。"有一天,苏霍姆林斯基像往常一样巡视校园。突然,他看到一个四岁左右的女孩从容地走进花房,伸手摘下了一朵玫瑰花,随后拿着它往外走。苏霍姆林斯基没有命令女孩站住,疾言厉色地训斥一顿,而是慢慢地俯下身来,和颜悦色地问道:'孩子,可不可以告诉我,你摘下来的这朵花是送给谁的?''先生,我奶奶病得很重,躺在床上。我告诉她学校花房里的玫瑰开得真好看,想使她高兴。可是,奶奶不相信。我只好摘下一朵来,让她亲眼看一看,开开心。'女孩保证说,'奶奶看完了,我一定把花送回花房。'苏霍姆林斯基听完之后,被小女孩的一片爱心所感动。他牵着她的手回到花房,又摘下两朵玫瑰:'孩子,这一朵是奖给你的,因为你小小年纪就知道关爱别人。另一朵是送给你妈妈的,感谢她养育了你这样一个懂事的孩子。'"

在这个故事中,苏霍姆林斯基并没有因为孩子的"犯错"而责备她,他轻轻地走近,静静地倾听,在倾听中了解了孩子犯错的原因,发现了孩子身上的闪光点:有爱心。他用另外两朵玫瑰奖励这个小女孩,让她的"爱心"继续放大。也许苏霍姆林斯基的这次倾听、这次奖励会让小女孩的"爱心"永远在心中定格。

三、成为学生的良师益友

与学生交流中,很多学生表示他们喜欢温柔的、公平的、有耐心的、知识渊博的、教学能力强的老师,因为他们觉得与这样的老师在一起有"安全感",又能学到很多知识。

为了进一步了解学生喜欢的老师类型,我在问卷中设计了两题:"你最喜欢什么样的老师? 为什么?""画出你心目中理想的老师哦!"很多学生在问卷中说,他们喜欢和蔼可亲、能够把学生当朋友、尽职尽责、教学有方的老师,如图10-1~图10-5问卷上的描述。学生画的老师形象也多是温柔的、体贴的形象。不论从访谈中,还是问卷调查中,我都能感觉到学生渴望教师既能教给他们丰富的知识,又能成为他们的知心朋友,"良师益友"是很多学生心目中理想的教师形象。

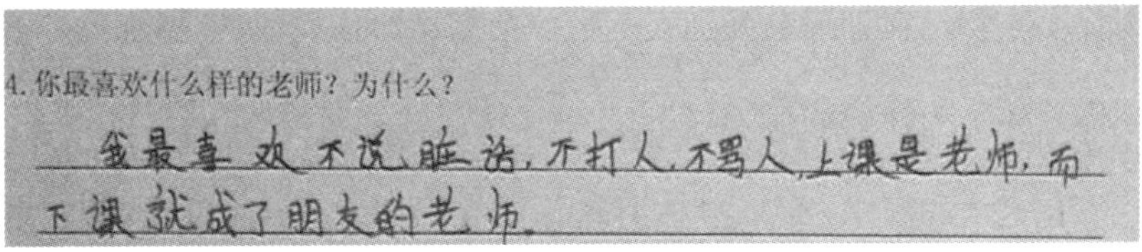

4.你最喜欢什么样的老师？为什么？

　　我最喜欢不说脏话，不打人，不骂人上课是老师，而下课就成了朋友的老师。

图 10-1　学生问卷上的描述

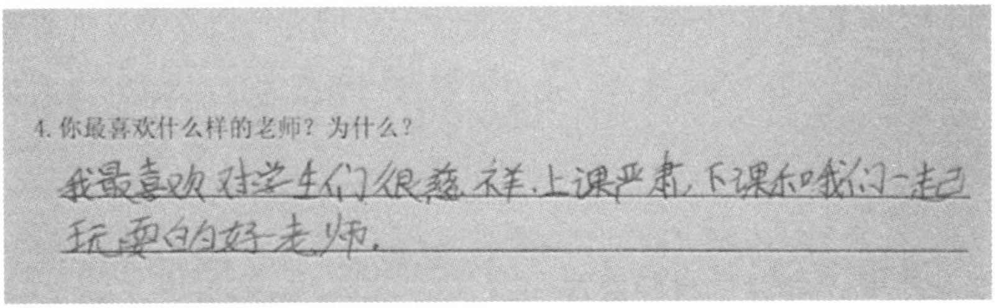

4.你最喜欢什么样的老师？为什么？

　　我最喜欢对学生们很慈祥，上课严肃，下课和我们一起玩耍的好老师。

图 10-2　学生问卷上的描述

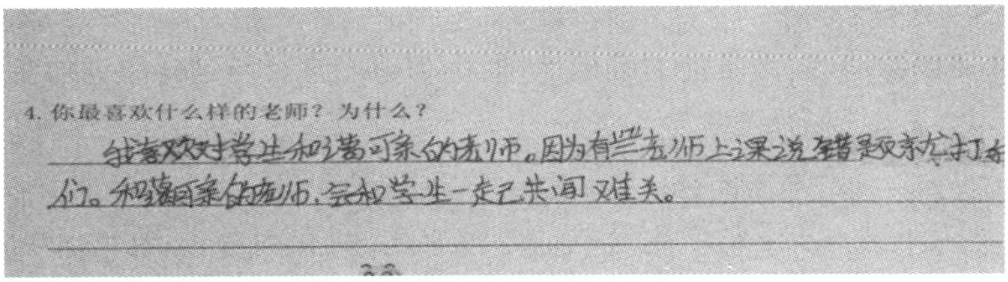

4.你最喜欢什么样的老师？为什么？

　　我喜欢对学生和蔼可亲的老师。因为有些老师上课说错题就会打我们。和蔼可亲的老师，会和学生一起共闯难关。

图 10-3　学生问卷上的描述

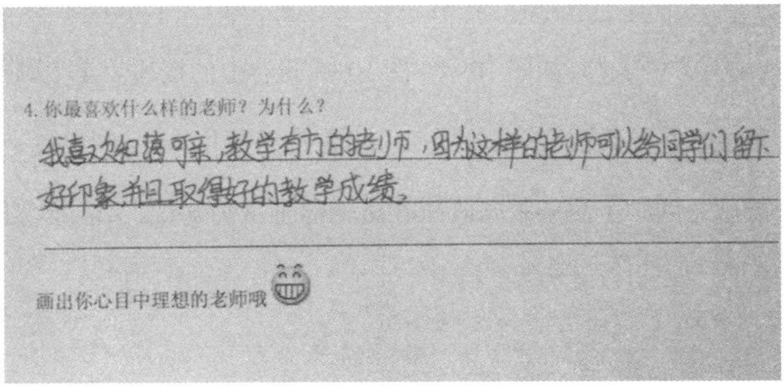

4.你最喜欢什么样的老师？为什么？

　　我喜欢和蔼可亲，教学有方的老师。因为这样的老师可以给同学们留下好印象并且取得好的教学成绩。

画出你心目中理想的老师哦

图 10-4　学生问卷上的描述

图 10-5　学生问卷上的描述

那么教师如何才能赢得学生的拥护和爱戴,成为他们的良师益友?

(1)教师要真诚关爱学生。比如,天气寒冷时提醒学生多穿衣服;学生生病时要多关心问候;对每个学生要一视同仁,不可偏心;多与学生谈心;等等。

访谈中,很多学生说,他们不喜欢不公平的老师。前文提到对不同的学生要"因材施罚",而有些学生反映教师对他们的惩罚不公平,二者似乎很矛盾。这个问题一方面需要教师真正持有公平之心,另一方面还需要靠教师的实践智慧,如果犯同样错误的不同学生,他们的个性差异很大,确实需要采用明显不同的惩罚方式时,那就适宜私下进行。

另外,对待犯错的学生,要有足够的宽容之心,允许学生犯错,并能够耐心地予以引导。很多学生说,他们不喜欢老师动不动就发火,就冲着他们嚷,一犯错就拿起教鞭打他们,他们渴望在自己犯错时,能够得到理解与宽容,如有学生在问卷中画的"心目中理想的老师",见图10-6,这幅图表达了很多学生的心声。

图10-6　学生问卷上画的"心目中理想的老师"

(2)教师应深入了解学生,熟悉学生的性格特点、兴趣爱好、行为习惯等。也许有教师会说,学校班额那么大,深入了解学生太难了。我相信,如果教师把认识学生贯穿到整个教育实践,贯穿到整个学期,就不会太难。了解学生可以有计划地进行,比如,可以先重点了解"问题"学生,每周了解1至2名,与他们进行深入交流,并做好详细记录,这样一学期下来就会了解很多学生。

与学生交流,教师除了可以经常使用面谈外,还可以利用书信、便条或网聊等方式。学校可以为每个班级专设信箱,鼓励学生以写信的方式告诉老师他们的喜怒哀乐。老师在阅读完信件后,一定要给学生反馈,对学习、生活上遇到困难的学生,尽可能地提供最大的帮助。

另外,应主动与家长保持联系,密切关注学生的心理变化。总之,教师应该利用校内、校外一切可能的时间、空间,创造一切机会与学生交流,真正走进学生的心灵世界。

(3)教师应以身作则,要求学生做的事,自己一定要做到。比如,要求学生见到地上的垃圾要随手捡起来,那么自己也应该做到。要求学生见到教师要问好,那么自己见到学生也应主动打招呼,对学生的问候要予以微笑回应。在 A 小学,我发现有些教师对学生的问候无动于衷、面无表情,这很不利于良好师生关系的培养。

此外,教师要不断地提升教育教学能力。在学校里,知识渊博、教学能力强的教师往往会赢得学生的信赖和爱戴,因此要虚心向优秀教师学习,树立终身学习的理念,不断充实自己。

平等和谐的师生关系,对学生的成长有着重要的教育意义。当教师关心、爱护、理解、同情学生时,学生才可能理解教师的良苦用心,也才可能"把教师作为一个与他同样具有个性、精神的真实的人而接纳他和尊重他,同时把教师作为一个生活中的先行者、一个有生活经验的人而接受他的支持、帮助和引导。"

第三节　在教育实践中进行"教育惩罚"研究

对于教师惩罚方式的变革,如果仅从上述"润泽教师的学校生活""构建良好的师生关系"两方面努力,还是不够的。因为教师思想观念的转变是潜移默化的,良好的师生关系也是要通过长期培养才能形成的。况且,这两方面的变革在实践中仍面临重重阻力,不一定为学校、教师完全接受。

我认为,使惩罚方式成为一种有效的教育手段、一种比较直接有效的方法是:让教师成为教育惩罚方式的研究者。教师是惩罚方式最直接的实践者,如果他们能够在教育实践中通过自主研究,寻找有效的教育惩罚方式,那么这样的研究要比有些研究者"书斋式"的研究好很多。虽然在研究之初可能会费时费力,但教师在实践中对惩罚方式进行研究,是对自己教育方式进行的思考和探究,这种研究的目的是力图使自己在有限的时间内引导学生获得更好的发展,因此它不会成为教师的负担,相反,能达到事半功倍的效果。

那么,教师如何在实践中开启"教育惩罚"研究的可能性?

一、对教育家"教育惩罚"智慧的感悟

如果教师能够潜心阅读马卡连柯、苏霍姆林斯基、陶行知等教育家的著作,相信从中可以汲取很多营养。在这些教育家的教育实践

中,有很多生动的、闪烁着教育智慧的经典案例,比如前文提到苏霍姆林斯基用"两朵玫瑰"对"犯错"小女孩爱心的奖励;还有马卡连柯运用"平行教育影响"的方法,使学生瓦夏不再迷恋于足球,开始认真做功课;陶行知的"四颗糖果"让学生王友在愧疚中认识到自己的错误;等等。教师可以把这些经典案例汇集成册,慢慢研读、琢磨、体会。当教师能够有意识地把阅读所获得的教育惩罚策略应用于教育实践,则说明已经进入研究阶段。

　　当然,教育家成功的惩罚方式也不能生搬硬套,因为学生的性格不同,具体的情境也不同,对某个学生有效的惩罚方式,对另外一个学生却可能获得相反的效果。比如,马卡连柯有个当了某工学团主任的学生,他对老师当年惩罚方式的模仿就失败了。事情是这样的:"马卡连柯的学生古德因为偷吃鸡肉,被马卡连柯要求当着大家的面把鸡肉吃完,由于古德是一个自尊心很强的人,不肯吃,号啕大哭起来,从此吸取教训再也不敢偷吃了。事隔多年后,这个当了某工学团主任的学生,也正好碰到了一起偷吃鸡肉的事件。这位主任经过调查而确定偷吃鸡肉的人后,也仿效马卡连柯的处理办法:集合队伍,让偷吃者当着大家的面再吃一只烧鸡。出乎意料的是,这位偷吃者面皮很厚,毫无自尊心,他当着大家的面嬉皮笑脸地把那只鸡真的吃掉了。似乎他心中还想说:'再拿一只烧鸡来吃吧! 我还没有吃足呢!'"由此可见,教师对学生个性的了解非常重要。

二、对自身惩罚行为的审视与反思

《学记》中说:"学然后知不足,教然后知困。知不足,然后能自反也;知困,然后能自强也。"这句话强调了"反思"对于教师的意义。"反思"能够唤醒教师的主体意识,并帮助教师重新审视并调整自身的教育行为。

"教育惩罚"作为教育行为之一,同样需要在反思中不断地调整与改进。教师如果能自觉审视与反思自身的惩罚行为,反躬自问"我的惩罚目的是否明确?""这种惩罚方式对这个学生是否合适? 是否超过限度?""惩罚的效果如何? 哪些环节成功,哪些环节失误,如何改进?",等等。那么,让"惩罚"成为一种有效的教育手段不是不可能的。教师在这种不断追问与思考中,能够发现并清晰表征惩罚中所遇到的问题,当教师努力从多方面分析这些问题,并寻求多种方法解决问题时,就具有了明显的研究特征。

审视自身的惩罚行为可以通过以下两种途径来进行。

一是进行自我分析和评价,写好"惩罚"反思。反思中,要把惩罚原因、实施过程等交代清楚,并写出惩罚学生时的心情、学生受罚时的态度,等等。

二是调查学生对自己惩罚行为的看法。教师首先要让学生感觉到自己是真心实意要改进今后的惩罚方式,学生才会敞开心扉,吐露心声。调查可以以多种形式展开,可以让学生写命题作文"我眼中××

老师的惩罚",也可以设计题目让学生作答,如,可以设计"××老师的哪次惩罚,你很满意？或很不满意？为什么？""你认为××老师对你们的惩罚,还有哪些需要改进的地方？",等等。

教师要对调查结果进行整理分析,思考自己的某些惩罚为什么让学生满意或不满意,如果下次再遇到类似的情况怎么处理,等等。教师只有通过不断反思,才能清晰觉察惩罚中存在的问题,从而监控、调整自己的惩罚行为,教育惩罚的实践智慧也由此产生。

三、对"教育惩罚"进行专题研究

学校中有改革意识的教师可以自愿组成"教育惩罚"研究小组,共同探讨实践中遇到的惩罚难题,一起学习相关成功经验或吸取失败教训。小组活动可以定期或不定期地举行,为了使活动有效地进行,要分工明确,比如,有的教师负责活动组织工作,有的收集惩罚案例,有的记录活动过程,等等。每次活动最好安排一个主讲人,主讲人事先要准备一份书面材料分发给每个成员。材料涉及的内容如下:教育惩罚相关理论知识;某位教育家的某个教育惩罚经典案例(或某个教师的教育惩罚成功案例);失败的惩罚案例;主讲人自己的惩罚方式;等等。

活动前,小组成员要做精心准备,认真阅读主讲教师的材料,并写好对主讲人惩罚方式的评价。活动中,成员不能只针对某一问题谈些无关痛痒的体会,而要针对问题进行深入探讨,思考案例中教育惩罚成功或失败的原因,思考他们基于怎样的理念进行惩罚选择,等等。当对主讲人的惩罚方式进行评价时,要详细指出其优缺点以及改进措施。

另外,成员间可以互相交流自己的"惩罚"反思,对惩罚实践中遇到的难题,大家共同想办法,寻求解决方案。活动结束后,教师最好写写心得体会,谈谈自己的收获,想想今后在实施惩罚时应注意哪些细节问题等。

为了更好地研究教育惩罚,研究小组可以对自己任教的班级进行深度访谈和问卷调查,内容可以涉及:学生喜欢或不喜欢的老师类型;老师怎样的惩罚,学生能接受或不能接受;觉得老师的惩罚在哪些地方还有待改进;等等。在大量生动的材料面前,相信教师会有很多意想不到的收获,会对学生有一个全新的认识,也许有些教师的心灵会受到震撼,会重新审视自己,会对自己以前的某些行为感到愧疚。

当研究小组循着这样的路径进行"静悄悄的革命"时,可能也会引起其他教师的关注,会吸引更多的教师参与到研究中来,当研究队伍不断扩大,甚至扩及整个学校时,在教师中间就可能会形成一种调查研究的氛围。如果每个教师都成为教育惩罚的研究者、惩罚方式的评价者、合理惩罚的实施者,那么,学校中的惩罚方式就会发生根本性的改变。

我相信,如果教师能在行动中研究,在研究中行动,不断更新观念,持续学习进步,并和同事形成钻研"教育惩罚"的互惠合作的关系,那么,让惩罚成为帮助学生成长的教育手段,是完全可能的。尽管在教育实践中惩罚艺术很难把握,但是,如果教师带着真诚的心关怀学生的成长,惩罚便不再伤害学生的心灵。

参考文献

[1] 中共中央国务院关于深化教育教学改革全面提高义务教育质量的意见［EB/OL］.（2019－07－08）［2020－12－23］. http://www. moe. gov. cn/jyb_xxgk/moe_1777/moe_1778/201907/t20190708_389416. html.

[2] 中小学教师实施教育惩戒规则（征求意见稿）［EB/OL］.（2019－11－22）［2020－12－23］. http://www. moe. gov. cn/jyb_xwfb/s5147/201911/t20191125_409535. html.

[3] 教育部.《中小学教育惩戒规则（试行）》［EB/OL］.（2020－12－23）［2020－12－23］. http://www. moe. gov. cn/srcsite/A02/s5911/moe_621/202012/t20201228_507882. html.

[4] 教育部.让教育惩戒有尺度、有温度:教育部政策法规司负责人就《中小学教育惩戒规则（试行）》答记者问［EB/OL］.（2020－12－29）［2021－01－14］. http://www. moe. gov. cn/jyb_xwfb/s271/202012/t20201229_507960. html.

[5] 段斌斌,杨晓珉.警惕教育惩戒概念使用的泛化:兼评《中小学教育惩戒规则（试行）》[J].湖南师范大学教育科学学报,2021

（1）:107-114.

[5] 教师行使教育惩戒权的法理弹性[J].当代教育科学,2021(5):48-55.

[6] 李慧娴.教师惩戒权与教育道德性的冲突与平衡[J].教学与管理,2021(6):34-36.

[7] 张鹏君.规训与惩教:教师惩戒权立法的教育反思[J].教育发展研究,2021(4):66-72.

[8] 管华.教育惩戒权的法理基础重述[J].华东师范大学学报（教育科学版）,2020（3）:16-24.

[9] 吕江鸿.教师惩戒权的性质、依据与立法建议[J].广西社会科学,2020(10):119-124.

[10] 陈彬,陈磊,高雪春.教师惩戒权的法律效力、现实意义及其实现路径[J].现代教育管理,2020(4):103- 109.

[11] 石军.期待"教育惩戒权"的回归[J].教育科学论坛,2020(5):1.

[12] 胡劲松,张晓伟.教师惩戒行为及其规制[J].华东师范大学学报（教育科学版）,2020(3):27-33.

[13] 申素平.教育惩戒立法研究[J].中国教育学刊,2020(3):37-42.

[14] 盛慧,高晓文.情绪管理:教育惩戒权合理使用的保障[J].福建教育,2020(3):8-9.

[15]　任海涛."教育惩戒"的性质及其法律体系构建[J].湖南师范大学教育科学学报,2019(5)：21-29

.[16]　劳凯声.教育惩戒的合法性及其在教育中的适用[J].人民教育,2019(23)：13-17.

[17]　周洪宇,方晶.美国中小学教师惩戒权的界定与启示[J].新疆师范大学学报(哲学社会科学版),2019(6)：84-95.

[18]　李梅.论教师惩戒权之合法存在与合理使用[J].教学与管理,2018(33)：46-48.

[19]　王卓琼.中小学教育惩戒探究[D].兰州：兰州大学,2017.

[20]　谭晓玉.教育惩戒权的法理学思考：兼评《青岛市中小学校管理办法》[J].复旦教育论坛,2017(2)：40-45.

[21]　张克雷.教师惩戒权的立法考量[J].教师教育研究,2016(5)：104-108.

[22]　陈琦,刘儒德.当代教育心理学[M].北京：北京师范大学出版社,2009.

[23]　陈向明.质的研究方法与社会科学研究[M].北京：教育科学出版社,2000.

[24]　陈志超.关于中小学惩戒教育问题的研究[D].大连：辽宁师范大学,2005.

[25]　崔绪治,浦根祥.从知识社会学到科学知识社会学[J].教学与研究,1997(10)：41-44.

[26] 邓晓芒.新批判主义[M].武汉:湖北教育出版社,2001.

[27] 邓友超.教师实践智慧及其养成[M].北京:教育科学出版社,2007.

[28] 董吉贺.惩罚在教育学中的伦理辩护[J].教育理论与实践,2010(7):39-42.

[29] 杜绽蕾.论我国中小学惩罚实践[D].开封:河南大学,2008.

[30] 段鸿,陈霞.教师要有丰富多彩的精神生活:苏霍姆林斯基教育理论探析[J].外国中小学教育,2008(11):59-63.

[31] 费孝通.江村经济:中国农民的生活[M].北京:商务印书馆,2002.

[32] 冯建军.教师惩罚权的合理性及其使用[J].思想·理论·教育,2004(10):16-19.

[33] 冯玥,汪文.没有惩罚的教育是不完整的教育:中国青少年研究中心副主任孙云晓访谈[J].素质教育大参考,2003(1):12-14.

[34] 傅维利.论教育中的惩罚[J].教育研究,2007(10):11-18.

[35] 高伟.回归智慧,回归生活:教师教育哲学研究[M].北京:教育科学出版社,2010.

[36] 巩利群.中学教育中惩罚问题的研究[D].大连:辽宁师范大学,2008.

[37] 顾国瑜.糖·玫瑰·智慧果[J].江苏教育研究,2006(9):

61-62.

[38] 黄巧玲.解读"教育惩罚":基于分析教育哲学视角[J].教学与管理,2014(3):12-14.

[39] 韩秋红,王艳华,庞立生.现代西方哲学概论[M].北京:北京大学出版社,2010.

[40] 郝民.对学校教育中惩罚的理性思考[D].济南:山东师范大学,2011.

[41] 何齐宗,肖庆华.对教育惩罚的理性思考[J].中国教育学刊,2004(9):25-28.

[42] 黄巧玲.教育惩罚的张力与限度:小学日常生活中的教育惩罚[J].基础教育,2013,10(1):86-96.

[43] 顾明远.教育大辞典[M].上海:上海教育出版社,1998.

[44] 黄巧玲.近二十年我国教育惩罚研究的回顾与反思[J].基础教育,2013,10(6):23-32.

[45] 黄学军.公共性视野下的教育惩罚:概念与路径[J].教育研究与实验,2010(5):7-11.

[46] 解立军,蔡文枝.教育惩戒权的表现形式及法律分析(上)[J].中小学管理,2012(11):36-38.

[47] 金生鈜.规训与教化[M].北京:教育科学出版社,2004.

[48] 金生鈜.无立场的教育学思维:关怀人间、人事、人心[J].华东师范大学学报(教育科学版),2006(3):1-10,20.

[49]　金生.相互理解与师生关系的新建构[J].高等师范教育研究,
　　　　1994(4):60-67,79.

[50]　景霞.刍议教育中的惩罚[D].济南:山东师范大学,2006.

[51]　来维龙.基于学生改过迁善内在动机的教育惩罚研究[D].济
　　　　南:山东师范大学,2006.

[52]　劳凯声.变革中的教育权与受教育权:教育法法学基本问题研
　　　　究[M].北京:教育科学出版社,2003.

[53]　劳凯声.中国教育法制评论:第2辑[M].北京:教育科学出版
　　　　社,2003.

[54]　雷红智.德育惩罚简论[D].南昌:江西师范大学,2005.

[55]　李艾洁.教育惩罚的人性基础[D].长春:东北师范大
　　　　学,2011.

[56]　李冲锋.论教育惩罚的合法性[J].现代教育科学,2004(6):
　　　　20-22.

[57]　李翠凤.当前中小学惩戒教育中的问题及对策[D].济南:山
　　　　东师范大学,2011.

[58]　李定仁.教师的任务是最光荣的任务:马卡连柯论教师[J].外
　　　　国教育动态,1988(5):25-28.

[59]　李令清.惩罚,至少是没有境界的教育[J].人民教育,2004
　　　　(22):18-19.

[60]　李妮娜.论学校教育中的惩戒[D].济南:山东师范大学,2007.

[61] 李润洲.教育惩罚正误谈[J].中小学管理,2003(4):19.

[62] 李远岱.中学教育过程中惩罚现象探析[D].上海:华东师范大学,2005.

[63] 梁涛.重提惩罚教育[J].教育理论与实践,2007(11):57-60.

[64] 林志伟.权力视野下的教育惩罚[D].福州:福建师范大学,2010.

[65] 刘杭玲.对惩罚性作业的教育管理学分析[J].教育研究与实验,1996(3):36-38.

[66] 刘军.中小学教育惩罚问题研究[D].武汉:华中师范大学,2011.

[67] 刘克平.从马斯洛需求层次理论谈学生心理辅导[J].学校党建与思想教育,2010(21):91-92.

[68] 刘敏邦.惩罚教育辩证谈[J].中小学管理,2000(3):18.

[69] 刘旭东."无立场"的教育认识与人的全面发展[J].西北师大学报(社会科学版),2010,47(2):55-59.

[70] 刘旭东.对教育与生活关系的思考[J].教育研究,2007(8):53-57.

[71] 刘旭东.关注生命价值与创新教育琐谈[J].青海民族学院学报,2005(2):100-103,152.

[72] 刘旭东.教师实践性知识的反思与重建[J].教育科学研究,2008(10):18-20.

[73]　刘旭东.论教育对生活世界的回归[J].安徽师范大学学报(人文社会科学版),2004(6):719-722.

[74]　刘旭东.密切与小学的伙伴关系,实现共同发展:与兰州市城关区小学开发和实施校本课程的经验[J].当代教育与文化,2009,1(4):76-81.

[75]　刘紫瑛.学生的惩罚认识及其发展:兼论惩罚的教育意义[D].上海:华东师范大学,2009.

[76]　鲁洁,汪逢贤.德育新论[M].南京:江苏教育出版社,2000.

[77]　陆有铨.躁动的百年:20世纪的教育历程[M].山东:山东教育出版社,1997.

[78]　陆自强.惩罚教育应注意的几个问题[J].普教研究,1995(4):59-60.

[79]　吕云涛.学校教育中不当惩罚问题探究[D].大连:辽宁师范大学,2010.

[80]　马福兴.教师教育教学实践中的心理惩罚问题研究:以小学阶段为例[D].北京:北京交通大学,2008.

[81]　毛乃佳.对柯尔伯格道德教育思想的再认识[J].兰州学刊,1998(2):48-49.

[82]　毛乃佳.他山之石 可以攻玉:再谈对劳伦斯·柯尔伯格道德教育思想的认识[J].兰州学刊,2004(1):201-202.

[83]　瞿葆奎.教育学文集:教师[M].北京:人民教育出版社.1991.

[84] 冉玉霞. 学校教育中的惩罚与学生发展[D]. 上海:华东师范大学,2010.

[85] 石中英. 教育信仰与教育生活[J]. 清华大学教育研究,2000(2):28-35.

[86] 史薇. 学校教育中惩罚问题探究[D]. 天津:天津师范大学,2007.

[87] 宋晔. 教育惩罚的伦理审视[J]. 中国教育学刊,2009(7):45-47,54.

[88] 冯玥,汪文. 没有惩罚的教育是不完整的教育:中国青少年研究中心副主任孙云晓访谈[J]. 素质教育大参考,2003(1):12-14.

[89] 孙正聿. 超越意识[M]. 长春:吉林人民出版社,2001.

[90] 谭亚莉. 教师的惩罚对学生行为模式的影响及教育对策[J]. 上海教育科研,2000(6):44-46,56.

[91] 檀传宝. 惩罚与奖励同为教师的专业权力[J]. 中国教师,2006(9):11.

[92] 檀传宝. 论教育惩罚的教育意义及其实现[J]. 中国教育学刊,2004(2):20-23.

[93] 田杨. 论小学教育中的合理惩罚[D]. 长沙:湖南师范大学,2011.

[94] 汪明安,陈永国,马海良. 福柯的面孔[M]. 北京:文化艺术出

版社,2001.

[95]　汪明安.福柯的界限[M].北京:中国社会科学出版社,2002.

[96]　王道俊,王汉澜.教育学:新编本[M].北京:人民教育出版社,2006.

[97]　王红林.中小学教师惩戒权探讨[D].武汉:华中师范大学,2007.

[98]　王建新.教育惩戒及其实施办法[D].苏州:苏州大学,2008.

[99]　王立峰,惩罚的哲理[M].北京:清华大学出版社,2006.

[100]　王青.教育惩罚的异化和回归[J].教学与管理,2005(17):6-8.

[81]　王新.从自发到自觉:教师惩罚行为特征及理性化策略[J].当代教育科学,2006(17):42-43.

[102]　王雪.适度教育惩罚研究[D].长春:东北师范大学,2008.

[103]　吴菊萍.如果把劳动当成教育中的一种惩罚……[J].教育科学研究,2011(11):79-80.

[104]　夏正江.教育学理论基础的反思[M].上海:上海教育出版社,2001.

[105]　先宏斌.从惩罚到强化的学理探究[D].上海:华东师范大学,2011.

[106]　肖川.着力提高教师生活的幸福指数[N].中国教育报,2007-12-28(6).

[107]　谢应宽.B.F.斯金纳强化理论探析[J].贵州师范大学学报
　　　　（自然科学版）,2003(1):110-114.

[108]　慧林.民主尊重式教育,你在基层还好吗？[J].教师博览,
　　　　2003(8):22-23.

[109]　徐柯.古德为什么不吃鸡肉?：马卡连柯教育的小故事
　　　　（一）[J].外国中小学教育,1986(4):43.

[100]　杨大鹏.教育惩戒实施的问题和策略[D].苏州:苏州大
　　　　学,2010.

[111]　杨光富.美英韩泰四国教育体罚现象透视[J].当代教育科学,
　　　　2003(9):32-33.

[112]　杨庆.关于教师惩罚行为的心理学研究综述[J].苏州教育学
　　　　院学报,2004(3):25-28,44.

[113]　杨淑萍.论学校惩罚的要素[J].教育科学,2010,26(2):
　　　　34-39.

[114]　Noguera P A. Schools, and Social Implications of Punishment：
　　　　Rethinking Disciplinary Practices[J]. Theory Into Practice,2003,
　　　　42(8).

[115]　杨淑萍.论学校中的惩罚[J].教育理论与实践,2008(22):
　　　　59-61.

[116]　弗洛姆.爱的艺术[M].李健鸣,译.上海:上海译文出
　　　　社,2011.

[117] 杨延.惩罚严厉 活动纵情 看新加坡学校如何在严格和宽松中间进行平衡[J].上海教育,2005(11):40-41.

[118] 于伟.现代性与教育[M].北京:北京师范大学出版社,2006.

[119] 于英新.小学班级管理中的教育惩罚研究[D].济南:山东师范大学,2011.

[120] 于忠海,赵玮芳.基于教育独立性的教育惩罚[J].教育发展研究,2011,33(10):74-77,82.

[121] 张春明."惩一儆百"引起的思考[J].教学与管理,2004(23):32-33.

[122] 周冬梅.论教育惩罚[D].长春:东北师范大学,2006.

[123] 张丹.中小学校教育中惩罚的合理性及其限度研究[D].上海:华东师范大学,2010.

[124] 张行涛,郭东歧.新世纪教师素养[M].北京:首都师范大学出版社,2003.

[125] 张俊丽.中小学惩罚问题探析[D].上海:上海师范大学,2003.

[126] 张蕾.论和谐的师生关系[D].成都:四川师范大学,2011.

[127] 张礼永.告别夏楚二物:中国教育废除体罚的百年努力及论争[J].湖南师范大学教育科学学报,2013,12(2):55-59,68.

[128] 张莉.教师文化研究[D].济南:山东师范大学,2008.

[129] 张少宁.生命的绵延与理性的反叛[D].桂林:广西师范大

学,2006.

[130]　张文质.教育是慢的艺术[M].上海:华东师范大学出版

　　　　社,2009.

[131]　张幸.教育惩罚略论[J].教学与管理,2010(36):47-48.

[132]　赵汀阳.论可能生活[M].北京:中国人民大学出版社,2009.

[133]　赵汀阳.每个人的政治[M].北京:社会科学文献出版

　　　　社,2010.

[134]　赵汀阳.思维迷宫[M].北京:中国人民大学出版社,2010.

[135]　舒新城.辞海[M].上海:中华书局,1936.

[136]　史东.简明古汉语词典[M].昆明:云南人民出版社,1985.

[137]　中国大百科全书总编辑委员会.中国大百科全书[M].北京:

　　　　中国大百科全书出版社,1985.

[138]　Elbedour S. Physical and Psychological Maltreatment in Schools:

　　　　The Abusive Behaviors of Teachers in Bedouin Schools in Israel

　　　　[J]. School Psychology International,1997(18):200.

[139]　中国教育百科全书编委会.中国教育百科全书[M].北京:海

　　　　洋出版社,1991.

[140]　罗竹风.汉语大辞典[M].上海:汉语大辞典出版社,1991.

[141]　上海教育大辞典编纂委员会.教育大辞典:第1卷[M].上海:

　　　　上海教育出版社,1991.

[142]　王同亿.现代汉语大词典[M].海南:海南出版社,1992.

[143]　曾庆敏.法学大辞典[M].上海:上海辞书出版社,1998.

[144]　古代汉语常用字编写组.古汉语常用字典[M].北京:商务印书馆,1998.

[145]　徐惟诚.不列颠百科全书:国际中文版:第14卷[M].北京:中国大百科全书出版社,1999.

[146]　教育管理委员会.教育管理辞典[M].海口:海南出版社,2005.

[147]　斯科特.体罚的历史[M].吴晓群,秦传安,译.北京:中央编译出版社,2010.

[148]　马歇尔.米歇尔·福柯:个人自主与教育[M].于伟,李姗姗,译.北京:北京师范大学出版社,2008.

[149]　马卡连柯.马卡连柯全集:第一卷[M].许磊然,译.北京:人民教育出版社,1959.

[150]　马克思,恩格斯.马克思恩格斯全集:第二十卷[C].中共中央马克思恩格斯列宁斯大林著作编译局,译.北京:人民出版社,1960.

[151]　罗素.西方哲学史[M].马元德,译.北京:商务印书馆,1982.

[152]　卡西尔.人论[M].甘阳,译.上海:上海译文出版社,1985.

[153]　马卡连柯.马卡连柯教育文集[M].吴式颖,编.北京:人民教育出版社,1985.

[154]　柏格森.创造进化论[M].长沙:湖南人民出版社,1989.

[155]　杜威.民主主义与教育[M].王承绪,译.北京:人民教育出版社,1990.

[156]　雅斯贝尔斯.什么是教育[M].邹进,译.北京:生活·读书·新知三联书店,1991.

[157]　马克思,恩格斯.马克思恩格斯选集:第1卷[C].2版.中共中央马克思恩格斯列宁斯大林著作编译局,译.北京:人民出版社,1995.

[158]　罗斯诺.后现代主义与社会科学[M].张国清,译.上海:上海译文出版社,1998.

[159]　夸美纽斯.大教学论[M].傅任敢,译.北京:教育科学出版社,1999.

[160]　柯尔伯格.道德教育的哲学[M].魏贤超,柯森,译.杭州:浙江教育出版社,2000.

[161]　曼海姆.意识形态与乌托邦[M].黎鸣,李书崇,译.北京:商务印书馆,2000.

[162]　苏霍姆林斯基.苏霍姆林斯基选集:第4卷[M].蔡汀,王义高,祖晶,编.北京:教育科学出版社,2001.

[163]　怀特海.教育的目的[M].徐汝舟,译.北京:生活·读书·新知三联书店,2002.

[164]　佐藤学.静悄悄的革命:创造性活动的、合作的、反思的综合学习课程[M].李季湄,译.长春:长春出版社,2003.

[165]　鲍里奇.有效教学方法[M].易东平,译.南京:江苏教育出版社,2003.

[166]　卢梭.社会契约论[M].何兆武,译.北京:商务印书馆,2003.

[167]　马卡连柯.马卡连柯教育文集[M].吴式颖,译.北京:人民教育出版社,2004.

[168]　米尔腾伯格尔.行为矫正原理与方法:第3版[M].石林,译.北京:中国轻工业出版社,2004.

[169]　泰戈尔.人生的亲证[M].张明权,张璘,译.上海:上海文化出版社,2006.

[170]　涂尔干.道德教育[M].陈光金,沈杰,朱谐汉,译.上海:上海人民出版社,2006.

[171]　马斯洛.动机与人格:第3版.[M].许金声,等译.北京:中国人民大学出版社,2007.

[172]　福柯.规训与惩罚[M].刘北成,杨远婴,译.北京:生活·读书·新知三联书店,2007.

[173]　马尔库塞.单向度的人:发达工业社会意识形态研究[M].刘继,译.上海:上海译文出版社,2008.

[174]　小学生跳楼自杀生前被老师要求写千字检查[EB/OL].(2013-11-01)[2020-10-10].http://news.sina.com.cn/s/2013-11-02/023928598536.shtml.

[175]　中小学教师有以下10行为之一将被处分[EB/OL].

（2013-11-29）［2020-10-10］. http://focus. kankanews. com/

c/2013-11-29/0043344051. shtml.

［176］　PEARSALL J. 新牛津英语词典［M］. 上海：上海外语教育出版

社,2001.

［177］　PRING R. Philosophy of Education Research（2nd Edittion）

［M］. London & New York：Contunuum,2004.

［178］　GOREA A,GOREA L,GOREA R K,et al. Holistic Approach

to Prevent Injuries and Corporal［1］Punishments in Schools

［J］. Egyptian Journal of Forensic Sciences,2011（1）.

［179］　BERG B L. Qualitative research methods for the social sciences

［M］. Boston：Allyn & Bacon,2001.